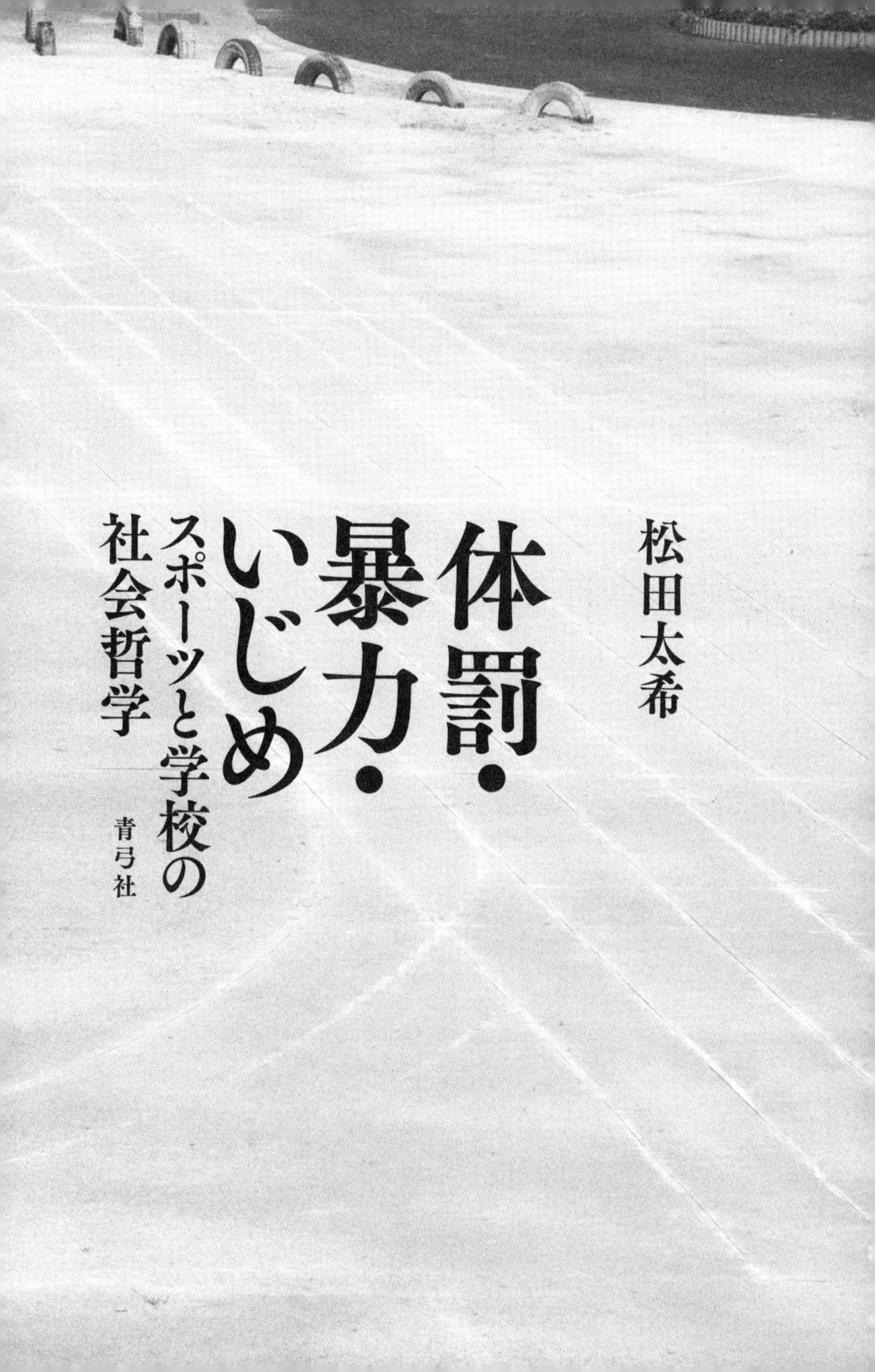

体罰・暴力・いじめ

スポーツと学校の社会哲学

松田太希

青弓社

体罰・暴力・いじめ

スポーツと学校の社会哲学

目次

第5章 科学と暴力からみるスポーツ指導 125

第6章 学校教育の本質に関わる暴力性 154

装丁——Malpu Design［清水良洋］

われわれに暴力をくわえる者は、こともあろうに人間性を、われわれと争うものである。卑怯にも暴力に屈する者は、みずからの人間性を放棄するものである。

(シラー「崇高について」小宮曠三訳、『シラー』〔「世界文学大系」第十八巻〕、筑摩書房、一九五九年、八五ページ)

僕にも「悪」と戦うという決意はもちろんあるわけだけど、そうすると、物語を深めるためには、自分の側の「悪」みたいなものに触れないわけにいかないんです。そうすると、その戦いというのは単純なものではなくなってくる。

(川上未映子/村上春樹『みみずくは黄昏に飛びたつ』新潮社、二〇一七年、八七ページ)

はじめに

なぜ、いま、本書なのか。正直なことをいえば、筆者にとってこの本の出版はあまりにも遅すぎた。筆者のスポーツ経験は、暴力の経験と切り離すことができないようなものだったからだ。中学生のときに指導者から暴力を受けて以来、暴力の記憶は筆者の人生にぴったりと張り付いている。悲しみ、苦しみ、怒りなどが混濁したその記憶は、暴力に対する問題意識へと姿を変え、筆者の暴力研究のエネルギーへと昇華していった。

卒業論文と修士論文では戦前の学校体育史と教員養成史に着目し、なぜ（体育）教師と体罰・暴力が親和性をもつようになったのかを考察した。そこでは、体罰・暴力の歴史性・文化性を、問題の根深さを示すものとして指摘することができた。しかし、戦前の学校体育や教員養成をめぐる状況が現代の問題状況に直結しているというほど問題は単純ではない。

そこで博士論文では、スポーツ集団と学校の暴力性に関する社会哲学的研究に取り組んだ。そのときに掲げた問いは、「スポーツや学校という特殊な場とは何か」「その場の構造がどのように暴力を規定しているのか」ということだった。本書はこの博士論文がベースになっている。

博士論文を執筆している間にも、いくつかの深刻な問題や事件が起きてしまった。だから、本書の出版はやはり遅すぎた。しかし逆説的にも、この出版のタイミングは遅すぎたというその意味で、遅く、はなかったといえるようなタイミングでもあっただろうと、筆者はささやかな希望的観測を抱いている。どういうことか。

　私たちは基本的には、暴力を受けることを常に念頭に置きながら生活を送ることはしないだろう。街を歩くとき、喫茶店でくつろいでいるとき、歯医者で口を開けるとき、そして学校で過ごしているとき、スポーツ指導を受けるときなど、日常的な場面で暴力を受ける確率を高く見積もっていては、平静を保って生きていくことができないからだ。このことは、早い段階で本書を世に問うたとしても、よほど奇特な人を除いて関心を示す人はほとんどいなかったのではないかということを示唆している。(1) したがって、被害者や犠牲者になってしまった選手・生徒たちに対してはきわめて不謹慎な言い方になってしまうが、暴力という現象に社会的な関心が向いている昨今の状況は、出版の時期としてはそれなりに効果的だといえるのかもしれない。

　もっとも、暴力問題が盛んに取り上げられ、問題にされることによって暴力への嫌悪感が高まれば、本書のような複雑な学術的議論などなくても、暴力の抑止は実現すると思う人もいるかもしれない。しかし、そうは楽観できないのが暴力問題の闇の深さである。これまでも暴力への批判的な言及が盛んになされてきたにもかかわらず、いまも私たちは暴力への対策・対処に悩まされている。したがって、「暴力はいけない」という社会的なムードが広がったからといって、そのことは人間や社会が暴力とは無縁のクリーンなものになったことを意味してはいない。社会的なムードは、やはりあくまでもムードにすぎないのであり、暴力の本質に力強く向き合うものではない。そのあたりを勘違いするとどうなるか。無論、忘れた頃に、暴力、再び。

暴力については、多くの人が、「ひと言言いたい」という気持ちを抱いているのではないだろうか。学会発表や講義、あるいは日常的な会話のなかで、そのように感じ取ることができる場面が、筆者にはいままでに何度もあった。(2) あの意欲的な反応の奥には、何があるのだろうか。そこには解釈の余地がいくらでもあるだろう。筆者が抱いているささやかな確信は、暴力について何の意見ももたないということが、倫理的な人間であることからの逸脱を意味してしまうような集団的無意識に私たちが包まれているからではないだろうか、というものだ。暴力は、善悪や正義といった、私たちにとって身近で実践的な問題に深く関わっているからだ。

「ひと言言いたい」。この思いが渦巻くことによって、暴力をめぐる言説は実に多様であり、同時に混乱もしている。本書は、その混乱状況に対するひとつの問題提起である。それは、「いったい何が起きているのか」という暴力の本質論の提示によってなされる。善悪や倫理、あるいは正義に基づいた対策法などをうんぬんする前に、私たちが直面している問題状況を理解しておかなければならないはずだからだ。

本書の基本的な立場は、「人間は暴力的存在である」という命題によって表現することができる。これは、暴力の現実を悲観的に嘆くものではなく、むしろそれを冷厳に受け止め、そこから人間と暴力の関係を探求していこうとする態度の出発点になるものである。そこでは暴力を人間存在の運命のひとつとして引き受け、「人間はどうやって暴力と付き合っていけばいいのか」を考えることを重要なミッションとする。人間存在や社会生活に避けがたく伴う暴力の自覚、つまり、私も、あなたも、暴力とは無縁ではありえないという自覚からの出発である。

これまでの社会思想が暴力の問題を無視できたことは、おそらく一度たりともない。したがって重要なことは、暴力と非暴力の間で感情的に揺れ動いてしまうのではなく、暴力性の適正な位置を見極めることだろう。

また、スポーツと学校の暴力について考えることは、暴力の社会哲学という重要な学問的なプロジェクトでもありうる。本書は、スポーツと学校という場の暴力問題の考察に目的を置くが、それは同時に、暴力の社会哲学を充実させていこうとする企てでもある。この意味で本書は、いまだ十分にはなされていない暴力の社会哲学を構築していくためのひとつの具体的な努力としての意味もまたもっていることは間違いないだろう。

注

(1) 当時まだ大学院生だった筆者は、とある研究会で体罰についての研究を発表したことがある。そのとき聴衆から寄せられたコメントのひとつは、「体罰はもう古い問題だから、いっそのことハラスメントの問題に広げてみてはどうだ」というものだった。コメントの後半部分にはそれなりの妥当性があるだろうが、前半部分、つまり「体罰は古い」という認識には落胆せざるをえなかった。この発表の翌年、大阪府の桜宮高等学校のバスケットボール部員が、顧問教諭からの体罰を苦に自死した。

(2) 以前、筆者が児童虐待の問題を大学の講義で取り上げた際、普段はお世辞にも受講態度がいいとはいえなかった学生たちが、その講義では、別人ではないかと目を疑ってしまうほどに真剣な態度を示したことがある。虐待問題と立ち向かおうとする気概が感じられて感心したが、一方で、あまりの変貌ぶりに愕然としてしまったのも、また率直な思いだったのである。

序章　暴力の記憶

その問題性についてはあとで詳述するが、学会発表などの場面で、「体罰と暴力の概念的な区別するべきだ」という指摘を筆者は頻繁に受けてきた。しかし重要なことは、ある行為に対して体罰や暴力といった名辞を与えることではなく、そのように名づけられているところの暴力的な行為がなぜ起きるのかであり、それを解決できるとすればそれはどのようにしてありうるのかであるはずだ。操作的な概念定義が確定され、研究発表や論文で何らかの議論がなされたとしても、その概念定義はいったいどのような現実を問題にしているというのだろうか。それは研究のための研究にすぎず、結果的に具体的な問題状況やそれに関わる人々に響いていくものにはならないのではないだろうか。

そこで、ここでは筆者の暴力体験をまず示しておきたい。それはたしかに限られた経験ではあるが、本書の内容は、その経験と切り離されてはありえない。つまり、筆者のなかにある暴力の原風景である。この原風景＝暴力の記憶を抱えながら筆者は暴力研究に関わり、生きてきた。その記憶には、簡単には概念に回収することができないような暴力の臨場感がある。筆者の記憶を示すことによって、本書の議論に迫力が生まれるだろうし、また、概念定義に執拗にこだわる人々に対して具体的な状況への想像力を喚起することになるだろう。

1　野球の世界で経験した暴力

筆者は、小学五年生のときにソフトボールを始めた。多くのソフトボール少年たちがそうであるように、筆者もまた、日が暮れてボールがよく見えなくなるまでソフトボールをして遊んだ。ソフトボール仲間のほとんどは、中学校で野球部に入部することを決めていた。筆者も彼らと一緒に野球がしたかったから、当然のように、彼らと一緒に野球部に入部した。しかしその野球部は、教師や先輩からの怒号や暴力が飛び交う場所だった。その頃の筆者は、この世の中にそんな場所があるなんて想像もしていなかった。ただ単に野球が好きだったから野球部に入ったのに、そこでやらされることは野球ではなく、教師や先輩から下される命令や暴力への絶対服従だった。筆者の足は徐々に野球部から遠のき、結局、退部した。

当時の筆者にとって（また両親にとっても）退部することは、とてもつらいことだった。なぜなら、退部するということは、野球部というやっかいな現実から逃げ出すことを意味しているように感じられてしまって仕方がなかったからだ。もっともいま振り返れば、退部という選択は間違ったものではなかったといえる。

それでも、筆者は野球が好きだった。その姿を見かねて、父は休日を返上してキャッチボールに付き合ってくれた。思い切り投げるボールを、何度も何度も、キャッチャーミットで受け止めてくれた。そしてある日、地域のクラブチームに入ることを勧めてくれた。筆者はそれに賛同し、いいチームはないかと探し回った。結局、Dというチームの雰囲気がとても気に入って、加入することを決めた。そこには、怒号も暴力もなかった。指導者も子どもも、一緒になって野球を楽しんでいた。

しかし、ある日の試合でチームがさんざんな負け方をしてからというもの、その日を境に指導者の態度は一変した。その日から指導者は、本当によく子どもたちを殴るようになった。そこでは、子どもたちを整列させて、端から端まで平手ビンタをくらわすという、漫画かドラマのような光景が実際に繰り広げられていた。

「またか」と思った。絶望的な気分だった。あれほど好きだった野球は、もうほとんど好きではなくなっていた。結局、悩んだ末に、Dチームも辞めてしまった。両親に本当に申し訳ないことをしたと中学生ながらに胸が痛かった。でも、野球をするためになぜ暴力を受けなくてはならないのか、まるで理解できなかった。

人（特に肯定派）によっては、「野球への思い入れがそれほどでもなかったのだ」というかもしれない。あるいは、そうだったのかもしれない。しかし、「野球をすることと殴られることがなぜセットなんだ」と反発することもできただろうといまでは思っている。とにかく、殴られるような暇があるのなら、一球でも多くボールを打ちたかったし、一球でも多くノックを受けたかったのだ。

2　バレーボールへの転向と子どもへの悲惨な暴力

高校時代は、野球から離れ、バレーボール部に入部した。テレビで見たバレーボール選手に憧れを抱いていたのだ。「あの選手のようになりたい」。その一心で、日々練習に打ち込んだ。バレーボール部には顧問がいなかった。暴力を振るわれることもなかった。先輩たちは優しい人たちだった。だから、思い切りバレーボールを楽しむことができた。

高校三年生になった頃、あることをきっかけに、地元のスポーツ少年団のバレーボールチームのコーチをすることになった。最初は子どもたちにどうやって教えればいいのか全くわからなかったが、やっているうちに指導のコツのようなものをつかむことができた。監督も徐々に信頼を寄せてくれるようになり、対外試合にも同行するようになった。しかし、ある日の対外試合で、とてつもない光景を目撃した。

あれは兵庫県選抜チームの指導者だったと思うが、サイドアタッカーの子どもがスパイクをミスしたことに異様に激高し、その子どもの髪をわしづかみにして体育館を引きずり回し、あげくには、その子の顔を得点板に打ち付けた。暴挙だった。犯罪だった。止めに入るべきだったが、未熟なガキだった筆者は圧倒されてしまい、情けないことに手も足も出なかった。あの子にはかわいそうなことをしたと、いまでもとても後悔している。

その子がさらにかわいそうだったのは、母親からも「エースのあんたがミスするからでしょうが！」と、体育館中に響き渡るような罵声を浴びせかけられていたことだった。親があんな調子なら、指導者も暴力をやめるはずがない。ほかの指導者から「このことは口外しないでほしい」と言われたのを覚えている。確信犯だったのだ。

3　暴力の記憶にあらがって

その後も筆者は、子どもたちが指導者に殴られる場面に何度も遭遇した。そのたびに胸が締め付けられ、自分が殴られたときのことを思い出し、自分のスポーツ人生に、暴力の記憶がはっきりと刻印されていることに落胆した。さらに落胆させられたのは、出会ってきた多くの人たちが暴力を肯定的に捉えていたことだった。その意見は根強く、ある種の迫力をもっていた。「お前は暴力から逃げるのか⁉」と。その頃の筆者は、何が正しくて何が正しくないのかわからなくなっていた。

暴力に対してはっきりとした抵抗を覚えたのは、大学二年生になったときだった。大学生になっても、二度も野球の世界から脱落したことを引きずっていた。そのことは当時の筆者にとって、スポーツの世界から逃げ出したことを意味していた。そんな思いを引きずるのはもうたくさんだと思い、奮起して、ある大学への編入を試みた。その大学のバレーボール部が、全国でも指折りの強豪校だったからだ。「そこで頑張れば、弱かった頃の自分を清算できる」

筆者は、体験入部のようにしてその大学のバレーボール部の門をたたいた。初めの数日間はハードな練習メニューについていくのに必死だった。しかし、その部には、抑圧的なものはなかった。みんな、つらい練習を喜々としてこなし、純粋にバレーボールに打ち込んでいた。「これだ」と感激した。「ここで最後までやり通せなかったら私は本物の弱虫だ。絶対に頑張り抜いてみせる」。そう意気込んでいた。監督教員が現れるまでは。

4　糸が切れた

体験入部してからの初めの数日間、監督教員は出張か何かで不在で、彼が体育館に現れたのはそのあとのことだった。監督教員が現れた時点から、体育館の雰囲気はがらりと変わってしまった。部員たちの顔は引きつり、張り詰めた空気が充満していた。そんな空気のなか、練習は開始した。何かが起こりそうな気配が、そこにはたしかにあった。

それは、練習が進んでウォーミングアップの最後のメニューに取りかかろうとしたときのことだった。監督教員が突然怒りだし、ある部員の頭を猛烈な勢いで殴打した。鈍く大きな打撃音が響いた。その部員の頭がどうにかなってしまうのではないかと心配になるほどの音だった。それを見た瞬間、それまで張り詰めていた気持ちがプツンと切れた。心の中に大きな変化が起こった。実はその監督教員は、自身の著作のなかで、「自分は決して選手を殴らない」といった趣旨の文章を記していたのだ。筆者は「監督のことをきちんと知っておくべきだろう」と思い、体験入部をする前にその本をしっかり読んでいた。それだけに、裏切られた気分だった。しかし同時に、それまで感じていた暴力への違和感、つまり暴力を振るうスポーツ指導者や教員たちにうっすらと感じていた偽善性を確信し、「暴力から逃げるのか」という強迫観念に見切りをつけることができた瞬間でもあった。「もうたくさんだ。こんな人たちと真面目に関わろうとしていた自分がバカだった」

5　それでもなお

でも、だからといって筆者のなかから暴力への問題意識が消えることはなかった。いくら嘆いてもいくら憎んでも、暴力はなくならないし、何よりも、暴力に対する暴力的な感情に自分が取りつかれてしまっていることを自覚するようになったのだ。その荒ぶる感情を形式化していくための努力が、暴力研究に取り組むことだったのである。

第1章　暴力に力強く向き合うために重要な事柄

1　是非論を超えて

宿命としての暴力

スポーツと暴力。学校と暴力。穏やかではないテーマだが、かといって目を逸らすことはできない問題だろう。本書が対象にするのは、体罰やいじめといった具体的かつ深刻な問題である。スポーツと学校での暴力という、よく知られ、またよく語られてきたことについて、本書は、いま、何をいおうとしているのか。

一般的な傾向として、体罰やいじめが発生して問題になった場合、例えばマスメディアがそれを大きく取り上げて暴力反対の風潮が社会の広い範囲に拡散されていく。その際、次のような趣旨の言葉をしばしば耳にする。

「体罰やいじめはあってはならない問題であり、解決を急がなければならない！」
「スポーツ界の体質改善を！」
「学校の変革を！」

もっともな言葉ではあるが、しかしながら、こうした言葉がただ単にステレオタイプ的に繰り返されてしまっているように感じるのは筆者だけだろうか。変革を促すような声がなくなるべきではないとしても、問題を解決していくことが本来の目標なのであって、威勢がいい言葉を発しているだけでは、それは無益なヤジと同等であることを、はたして免れることができるのだろうか。

たしかに、「暴力の最大の現実は死」[1]であり、その意味で、暴力は否定され、根絶されるべきである。しかしいったい、暴力とは何か。なぜ、変革を促す言葉が単なるヤジに成り下がってしまうのか。おそらく、そこには、「暴力の自己言及性」という問題がある。[2]

ここでいう「暴力の自己言及性」とは、暴力を語ることが実は自分自身について語ることでもあるというその特徴である。例えば、暴力を否定するということは、そのはたらきからしてある種の暴力だともいえるだろう。否定するということは、その対象を排除するための力を発揮しているということにほかならないからだ。また、こうして何らかの議論を立ち上げようとしていることもまた、ある種の暴力だということができる。何かについて語るということは、同時に、何かについて語らないことを選択するということでもあるからだ。そこには、「根源分割」としての言語の暴力性を指摘することができるだろう。[3]言語が世界を分節し、それによって、意味や立場といったものがはじめて立ち上がってくるのである。

つまり、暴力を批判し、そのために語っているその主体自身も、実はまごうかたなき暴力の主体なのである。暴力の自己言及性とは、この事態への自覚を促す視点でもある。

だから、例えば非暴力の立場を高らかに表明するような態度は、暴力の自己言及性という視点からすると、きわめて暴力的だといえる。そこには、自分自身の暴力性に対する無自覚を感じざるをえない。「私は人を傷つけない」という無自覚は変形し、「私が人を傷つけることなどありえない」という無思慮に至り、この者は、他者への共感と想像力を失っていくだろう。

とはいえ、暴力の自己言及性を自覚し、その克服のために自分との闘いに挑んだとしても、その先には無限後退が待っている。そこで、私たちは、言葉を発することそれ自体にまとわりつく自己愛的な雰囲気に吐き気を覚えるかもしれない。そこから帰還できなければ、言葉を発することへの不謹慎さを感じておくことが唯一の価値だと信じ続けることになる。そうした自覚的な闘いを完璧に遂行するならば、選択肢はただ一つ、自決である。つまり、自己の消去。暴力と自己を切り離すことができないのならば、これこそ完璧な暴力根絶法ではないのか。

しかし、一人の人間がどれほど自覚的に暴力と闘い、またそのために死んでいったとしても、相変わらず、いつかどこかで暴力は起きるだろう。それは、人と人とが関わる以上は避けられない、厳然たるこの世のことわりである。

たとえ私が（そしてあなたが）存在することを、そのために暴力的存在としての人間であることを受け止めたとしても、その自覚が暴力を防ぐわけではもちろんない。人間が身体的存在である以上、私たちはそれぞれの状況や生活世界に条件づけられて生きている。だから、どこかで暴力が発生したとしても、すぐにそこに駆けつけることはできない。暴力の宿命を自覚したとしても、私たちは暴力を阻止することができない。悲劇である。もっとも、この悲劇性への自覚が、言葉を発することのナルシシズムをかなぐり捨て、語ることへの勇気を喚起するのかもしれない。

しかしながら、このような暴力への問題意識のもち方がある意味では正当だとしても、他方では、それはあまりにも過剰で荒唐無稽にみえるような側面もあるだろう。過剰であるがために、ある意味では自己愛的なこの姿勢はおそらく、暴力という問題の深刻さに由来している。つまり、何としてでも暴力問題を解決しないといけないという強烈な義憤である。暴力が深刻な問題であり、迅速に対応・解決すべきものであることは、誰もが同意するだろう。だから、先にみた「解決を急がなければならない！」という声が繰り返されるのだ。しかしこの焦燥感こそが、従来の不毛な暴力研究を生み出してきたという問題を、ここでは指摘しておかなければならない。

暴力研究のあり方について

鳶野克己は、特に教育学の暴力研究のあり方を批判しているが、その批判は暴力研究そのものの基本的なあり方を示そうとするものでもある。

鳶野は、「教育に関わる暴力問題がもつ実践上の喫緊性に迅速に対応しようとするあまり、研究の出発点における「暴力」の捉え方が性急で表面的なもの」[4]になっているという、従来の教育研究への批判を提示しながら、加えて、「暴力現象を捉えるにあたって、慣れ親しんだ常識的な認知図式や理論枠組みに依拠し浸ってしま」[5]っているとし、従来の暴力研究の不毛さを批判する。「実践上の喫緊性」とは、スポーツ指導や学校教育の現場で暴力に苦しむ子どもたちを、ただちに救わなければならないという義憤のことだろう。そうした義憤が、「性急で表面的な」「慣れ親しんだ常識的な認知図式や理論枠組み」を呼び込んでしまうのだ。

スラヴォイ・ジジェクもまた、『暴力』で、鳶野の暴力研究批判に重なる指摘をしている。彼は、まず、「暴力行為をまえにしたときの抑えようのない恐怖、そして犠牲者に対する感情移入は、どうしてもわれわれの思考をさまたげるわなとして機能[6]」してしまうことへの注意を促している。ジジェクがとる立場は、暴力について「一にも二にも勉強[7]」するというものであり、そのような態度によってこそ「暴力をめぐる冷静な分析[8]」が可能になるのだという。彼は次のように述べている。

「なすべきことはなにもないといいたいのか。ただだまって座っていればよいのか」と。これに対しては、勇気をもってこう答えるべきである。「その通りだ!」と。「実践的」になすべき唯一のことが、直接的関与という誘惑に抵抗すること、そして辛抱強い批判的分析によって「静観」することであるような状況は、存在するのである。[9]（傍点は原文）

ここには、鳶野と同種の問題意識と立場を見て取ることができるだろう。[10]しかし、このような立場を表明すると、例えば、「勉強ばかりのヤツらに何がわかるのだ」という声が聞こえてきそうだ。実際、現場の指導者や教師たちのなかには、そのように発言してしまう人もいるのではないだろうか。しかし、そのような態度は無思慮なものだとしかいえない。

暴力問題に限ったことではないが、現場にいる人々しか現場について語ってはならないのならば、現場の問題は永久に解決しないといってもいい。また逆に、先に問題にしたような執拗な概念定義へのこだわりは、現実への配慮に欠けた力のない研究や言葉につながる可能性がある。したがって、本書は「現場至上主義vs研究至上主義」というきわめてばかばかしい、だがどこにでも十分ありうる対立には、決してくみしない立場を表明したい。暴力問題の解決のために、研究者は現場の声を聞きながら学び、現場は研究者とその知性をどのようにすれば実践に活用できるのかを考えるべきである。「そんなのは机上の空論だ」「現場は視野が狭い」という発言や態度は、お互いの「仕事机」を蹴飛ばす、まさに暴力的なものである。要するに、現場の指導者や教師だろうが研究者だろうが、スポーツや学校に関わる者として、暴力についてしっかり勉強する必要があるのだ。

では、本書は、暴力研究として、どのような学問的な視座をとるべきなのだろうか。言い換えれば、暴力を考えるために、どのような態度で構えるべきなのだろうか。もちろん、構えるには暴力に向かって構えなければならない。では、暴力はどこにあるのだろうか。今村仁司は次のように述べている。

> 暴力はすぐれて人間的現象であり、人と人との関係に内在し、つまるところ社会現象にほかならない。(11)

むしろわれわれにとって大切なことは、一見したところおよそ暴力とは無縁と思われる現象や事象あるいは社会的場面の中に暴力や闘争の働きを見定めることである。一見「平和」とみえるところに、かくされた戦争状態を見ぬくように、平穏無事な社会生活場面の中に「地獄」を見ぬくことが肝腎であろう。[12]

暴力は人と人との関係に内在していて、その芽は日常的な社会生活場面のなかにある。この今村の指摘は、暴力研究にとって決定的に重要なものである。

私たちは暴力が現出するまで、すでにあふれるほどに増幅している暴力に気づかないでいる。[13] それは暴力が本質的に「隠れる」という特質をもっているからだ、と谷徹はいう。[14] では、どこに隠れているのか。「一見「平和」とみえる」「平穏無事な社会生活場面の中」に、である。

このような暴力への視線の向け方は、「常識的な認知図式や理論枠組み」とは異なるものだろう。暴力がいまだ現出していないところの平和的・日常的な人間関係・社会関係のなかに暴力の内在を認めておくような重要な姿勢が、ここにはある。この姿勢は、「人間存在における本質的な暴力性あるいは暴力的存在としての人間の問題が、教育の場における実践上の具体的制約や要請からいったん明確に距離をとりつつ、教育の根本問題として真正面から取り挙げられ、徹底的に考究されること[15]」が重要だ、という鳶野の指摘へとつながるだろう。

暴力研究は、「教育は暴力と無縁でなくてはならない」とか、「暴力的な指導やいじめはあってはならない」などといった素朴な願いを捨て、人間存在と暴力の関係の根源性という視座から展開されなければならない。素朴な願いを強く抱いてしまっていると、実はあらかじめ結論が準備されていていたという事態を引き起こしてしまいかねないからだ。すなわち、すでに指摘されていた要因（スポーツの勝利至上主義や戦前・戦時的な管理教育の残滓など）が、問題の状況を適切に批判しているかどうかが吟味されることなく、暴力を批判するための常套句として権威をもち、思考停止的にそれが繰り返されてしまう。どうにかして問題を批判したい人々にとって、批判するための言葉がすでに用意されているということはありがたいことなのだ。しかし、スポーツや学校での暴力は、相変わらず私たちの目の前で起きているのだから、その事実を冷厳に受け止め、なぜ暴力が起きるのかを問わなければならない。それを抜きにしては、暴力という過酷な現実を力強く乗り越えていくことはできないだろう。

　このような暴力への態度は、暴力の現実を悲劇として嘆いたり、また皮肉ったりするためのものではもちろんなく、暴力の現実を冷厳に受け止めたときに必然的に生起する毅然とした認識であり、社会関係と暴力の根源へと目を向ける「暴力の社会哲学」という立場である。そこでは、暴力をむやみやたらに嫌悪するような暴力アレルギーとの決別、つまり、暴力の否定を超え、暴力を考える立場が宣言される。

　暴力の社会哲学は、地に足をつけ、目に見えない位相でうごめく暴力性に目を向けようとすること、つまり、「地獄への思索をくぐる」[16]ような探求の態度をも意味している。それは、暴力の現実を絶望的に語ることを超えて、その先の希望を目指していこうとする人間存在の暴力性との闘いである。そのような試みは、汎暴力世界観に飲み込まれてしまう可能性と危険性を多分に含んではいるが、しかし、求められるべき暴力研究のあり方だろう[17]。

2　スポーツと学校の暴力

本書の考察の対象は、スポーツと学校という二つの場である。スポーツと学校で長年、暴力が深刻な問題になっているからであり、これまでの研究に不十分な点が残っているからだ。では本書は、どのような目的を立てるべきか。

加藤周一は、「日本の典型的な集団はどれも、スポーツの場合と同じように、（略）同じ目標を認め、特定の規則に従って、その目標を達成しようと競争して[18]」いて、「そうすることが、集団の活動を支える主要な動機[19]」になっていると指摘している。この指摘は学校にもあてはまるだろう。したがってここでは、学校とスポーツ集団に構造的な類似性を指摘することができる。すなわち、ある目的に向かって、ある指導者（教師）のもとで、成員同士の連帯が求められるという、集団構造上の類似性である。そして、スポーツ集団と学校に共通するこの構造が、それぞれの場での暴力の発生を根源的に規定しているのではないだろうか。特定の目的に集団的に向かっていくためには、成員同士の関わりがいや応なく促されることになり、人間関係・社会関係をもつことが強力に要請される。ここに暴力の萌芽があるのではないだろうか。本書では、この仮説的見解を起点にして議論を立ち上げてみたい。

この構造への着目からみえてくる暴力の契機は、次の三つである。スポーツ集団では、①スポーツ集団の文化的特徴と暴力性、②指導者―選手関係の暴力性、③選手間関係の暴力性。学校では、①学校の文化的特徴と暴力性、②教師―生徒関係の暴力性、③生徒間関係の暴力性。本書では、これらの契機がどのように暴力を規定しているのかを明らかにしていく。

そのために、まずはスポーツ集団の考察から始めてみたい。スポーツ集団は共同性が求められる典型的な集団であり、かつ、暴力が顕在化する場でもある。スポーツ集団の考察から明らかになってくるのは、人間集団の暴力性の基本構造であり、そのために、学校の暴力問題を考えるための格好の方法的な場だといえるだろう。[20]スポーツ集団は、人間集団の暴力性が最も先鋭化された状態で看取できるひとつのモデルと考えられるのであり、学校での暴力という複雑な現実を理解するためのひとつの典型でありうる。したがって学校での暴力の考察は、スポーツ集団の考察ののちに、それを踏まえておこなう。

暴力が人と人との関係に内在しているのならば、人と人が関わって集団をなすことのなかに暴力性が内在している。この問題は、同時に、社会性・共同性での暴力（性）という社会哲学的な議題でもある。したがって本書は、学問的には、暴力の社会哲学という未完のプロジェクトを、スポーツと学校の暴力という具体的な問題を考えることを通して発展させていくような学術的な位置づけにあるといえる。

3　暴力(に関わる人間)をどう描くか

暴力と暴力性

本書では、「暴力」と「暴力性」という区別を設けてみたい。

ここでいう「暴力」とは、個人に危害や苦痛を与える具体的な力のことを指し、そして、「暴力性」とは、「暴力」の現出を下支えし、隠れた次元で人間の生にひずみを生み出すある集団的状況や人間関係の状況のことを指している。本書でより重きを置くのは、「暴力性」の考察である。つまり、可視的な現象の有無を問題にするというよりも、その発生の基盤にある人間関係や社会関係への注視をより重視する。この区別によって、可視的な「暴力」に一喜一憂するのではなく、「暴力性」という根源的なレベルへのコミットが明確になるのである。

もっとも、この区別はあまりにも曖昧なものにみえるかもしれないし、実際のところ、そのとおりだろう。しかしだからといって、その曖昧さがそのまま不適切さとしてあるのではないという立場が暴力の社会哲学にはある。

谷が警鐘を鳴らしているように、暴力を狭く定義すると隠れている暴力を取り逃がしてしまう可能性があるし、逆に広く定義すると、すべてが暴力だということになりかねない。[21]「暴力現象がまさに暴力現象としてみなされるのは、それをそれとして捉える(暴力論的な)「概念」による以上、帰納は、先行的な「概念」の追認[22]でしかない。私たちは日常生活を送るなかでいちいち定義など参照していないだろうし、どれだけ言葉を尽くしても語り尽くすことができないのが私たちが生きている現実世界である。つまり、緩やかさと曖昧さを保持しておくことは、問題のアクチュアリティーを損なわないための技法でもある。[23]

法の問題を超えて

良心的な人々は、「なぜわざわざ暴力の根源性などに向き合うのか」「法的な禁止がすでにあるではないか」などと無邪気にいうかもしれない。たしかに、体罰は学校教育法で禁止されているし、これまで問題にされなかった体罰の場面をあらためて検討してみれば、暴行罪を適応するべきケースもあるだろう。あるいは、「いじめは犯罪！」と書かれたポスターが、筆者の母校に張られていたことを思い出すこともできる。

しかし、いうまでもないが、法は必ずしも自明なものでもなければ、完全なものでもない。川島武宜による次の指摘をみておこう。

それ〔法律：引用者注〕が現実に行われるだけの地盤が社会の中にない場合には、法律というものは現実にはわずかにしか、時には全く、「行われない」——社会生活を規制するという機能を果たさない——のである。また法律が「行われる」にしても、どういうふうに行われるかということは、これまたその社会の地盤と関係があるのである。[24]

川島は法社会学者として法の規範性に距離をとる立場から、「社会の地盤」へと視線を向けている。それは、本書が対象にする人間関係・社会関係（に関わる暴力性）のことである。理念的に善悪や是非を語ってしまう前に、まずは現実がどのようにあるのかを直視しようとするという、本書と共通する態度がここには示されている。

概念定義を超えて

体罰と暴力を論じる際、両者の概念的な区別をつけるか否かという問題がある。いじめについても、どこまではいじめではなく、どこからがいじめなのかといった議論はよく起こっている。筆者もこれまで、特に体罰と暴力の概念的な区別をめぐっては学会発表などの場で求められて見解を示してきたが、この問題について、本書の立場を示しておこう。

体罰と暴力を概念的に区別することは究極的には意味がないし、できない、というのが筆者の立場である。同じ殴るという行為でも、それが体罰だったり暴力だったりする現実があることを私たちは知っている。概念区別必要論者は、その複雑性を「クリアにすべきだ」という立場をとるのだが、私たちが向き合っているのは体罰や暴力といった言語（概念）それ自体ではなく、それが指すところの現実である。体罰や暴力といった言語（概念）は、殴るという行為を名づけるための事後的なそれであり、[25] 人間は言語（概念）以前を生きているのだ。

テオドール・アドルノは「概念の脱呪術化」ということをいい、概念への物心崇拝的な態度を厳しく批判している。[26]

実際には、すべての概念は——哲学的概念でさえもまた——非概念的なものへ関わっている。（略）概念を操作しなければならないという哲学の災いを、概念の優位性という福に転じたりしてはならないし、また逆に、この福を批判することから哲学についての総括的な判決を引き出してもならない。しかし、哲学の概念的な本質は、それが不可避であるにもかかわらず哲学にとって必ずしも絶対的なものではないという洞察にしても、これまたふたたび概念の性質によって媒介されているのであり、けっして独断的な、さらには素朴実在論的な主張などではない。[27]

ここで、「世界の限界は論理の限界でもある[28]」という、ルートヴィヒ・ヴィトゲンシュタインの声が聞こえてくる。彼の言語観はアドルノのそれとは対立的にみえるが、そうではない。たしかにヴィトゲンシュタインは「語りえぬことに沈黙しなければならない[29]」といったが、それは、語りえぬものの存在を自覚した言葉でもある。そこに示されているヴィトゲンシュタインのメッセージを端的にいえば、「言語のうちに映し出されるものを言語が描き出すことはできない[30]」ということになる。つまり、世界（実在）の叙述は、言語の問題であり言語の問題ではないのだ。[31]

筆者は、これまでの学会発表などの場面で、暴力と体罰の概念的な区別を求められてきた。しかし筆者は、議論を開始するための操作的定義として、両者の間に概念的な区別を設けることには同意しない。暴力と体罰を区別したとして、その区別から何を得ることができるのだろうか。

　暴力と体罰が概念的に区別されたならば、それに従って体罰に該当する行為が「体罰防止ガイドライン」のようなものによって示されるのだろうか。しかしスポーツ指導の現場には、言葉による整理を受け付けないような複雑性がある。ある選手はある行為を体罰として受け取るが、ほかの選手にとってそれは暴力だったりする。また、第三者からすればどう見ても暴力沙汰としか思えない指導者の暴行を、愛の鞭として選手が受け取るような場合もある。

　こうした状況に、概念整理というものさしを当ててみたところで仕方がないだろう。体罰や暴力といった言葉（概念）は、私たちが用いる事後的な言葉（概念）であり、スポーツ指導者から体罰や暴力を受けているその瞬間を生きている選手たちの（使っている）言葉（概念）ではない。彼／彼女たちは、あくまでも私たちが体罰や暴力なる言葉（概念）によって事後的に名指しているある行為や状況を、言葉（言語）以前に生きている。[32] 操作的な定義をしたからといって、それは何かを明らかにしたということではないし、何よりも、私たちは常に定義を遵守しながら生きているわけではない。操作的な定義のなかに閉じこもったまま議論を展開することは、議論のための議論にすぎず、現実をにらんでいないのではないだろうか。暴力という現実的な問題を考えようとするとき、その問題性には自覚的でなければならない。本書の議論は、体罰や暴力といった問題を言葉によってあらかじめ区別できるようなレベルではなく、体罰や暴力といった言葉で指示されるような人間的行為の発生の場面とその根源に目を向けようとするものなのだ。

　もう少しだけ考えてみよう。もし仮に体罰と暴力を区別すれば、「体罰と暴力は別だ」「暴力は許されないが体罰はそうではない」という理屈を容認派に与えてしまう危険性はないだろうか。しかしそれこそは、私たちが暴力を解決しようとするときにいつも直面してしまう問題ではなかったのか。概念定義の問題という土俵に上がってしまうことが、そのような問題に巻き込まれてしまう原因にもなりうるのだ。

では、すべてを暴力と呼び、暴力否定運動を開始すればいいのか。たしかに問題の解決はその問題の消滅によるのだが、依然として指導者が選手を殴っていても、「これは暴力ではない」と言われてしまえば、それは暴力ではないのだから問題ではないことになる。定義の問題に拘泥することの無益さは、このように考えられるだろう。[33]

厳密な概念的区別に拘泥することは、私たちが日々の生活を厳密な概念定義なしですまし、そのうえで生きているという現実の複雑性を捨象してしまうことにつながる。しかし、それは捨象してはならないアクチュアリティーでもある。私たちは分析的言語を用いながらも、分析的言語だけでは示すことができない現実の複雑性を常に自覚的に想像していなければならないのである。筆者の暴力の記憶を語るための序章を設定したのは、そのためにほかならない。

私たちは、言語（概念）を超えて、関係性に関わる暴力性を問わなければならない。それは、言語による把握からこぼれ落ちていくような——にもかかわらず語り続けなければならない——実存（人間）と実存（人間）が交わる次元である。

4　暴力の社会哲学の具体的なありよう

人間関係、あるいは人間集団の暴力性を考察しようとするとき、その複雑性を簡略化してしまって議論の俎上に載せるのではなく、例えば意識などといった何らかのファクターを突破口にしながらも、その先に総体として存在する暴力性の問題の複雑性を考察の射程に入れておく準備や心積もりがなくてはならないだろう。共同体（ここでは、スポーツ集団と学校）の暴力性を人間関係の問題から考えようとするとき、この姿勢は崩してはならないものである。しかし、そのような研究はほとんどみられない。それでも、人間と暴力（性）の関係をダイナミックに捉えようと試みている論考として、今村仁司と岩城見一のものをみておこう。

①今村の研究

今村には、「身体と暴力」(34)という小さな、しかし重要な問題提起をおこなっている論考がある。彼はそのなかで、モーリス・メルロ＝ポンティの現象学的身体論に対して素朴な疑問を提示している。すなわち、現実的には多くの暴力が発生しているにもかかわらず、「メルロ＝ポンティは、根源的な知覚的開けによって、あるいは根源的脱我によって私と他人とが同時に身体性の両項として素直に誕生すると考えているが、間身体性の形成はそれほど素直に、なめらかに形成されるものだろうか[35]」という疑問である。

今村はこの問いに向き合うために、メルロ゠ポンティ、ジョルジュ・バタイユ、エマニュエル・レヴィナスの議論をブリコラージュ風につないでいき、メルロ゠ポンティがいう間身体性の根源的な成立の場面において、自分自身を他者へと開示するという根源的な暴力が不可欠なファクターになっていることを論じている。今村の議論は、「社会―内―存在」としての人間は、その存在の根本で暴力を含んでいることを示そうとしている。しかし、このレベルでの暴力が現実的なレベルで発生する暴力とどう関わるのかは明らかにされていない。もっとも今村は、その点を今後の社会哲学の課題だとしている[36]。

②岩城の研究

岩城は、「感性」「悟性」「理性」は混然一体であり、「感性」は感性なるものを実在するものとして捉えるための概念ではなく、人間の経験の構造を整合的に理解する際の「仮説的概念」だとしている[37]。この考え方の背景には、岩城自身のカント研究がある。彼によれば、イマヌエル・カントの理論のなかで、「「感性（Sinnlichkeit）」はあくまで受容能力、すなわち「物質[39]」を受け入れる能力として設定されて[38]」いて、「人間の経験を考える上で、重要な視点を提供する」という。つまり、普通「感性」と呼ばれるはたらきには、すでに「感性」には還元できない「はたらき」が入り込んでしまっているため、「感性」の受動性を強調しておくことによって、人間の経験を開かれたものとして理解できるようになるのだという。しかし岩城は、暴力の問題にさしかかると、次のように述べている。

「感性」を受容能力として設定しておくことには、もう一つのメリットがある。それは、「人間の経験」「人間の認識」には、いつも受動的な「感性」が関与し、「質料」が受容されている、とみなすことであり、これによって人間の「経験」や「認識」は、決して完全に人間の自由になるものではない、ということ、このような人間の経験の〈「外部」との関係〉が確保できるからだ。もしこの受動性が確保できないなら、人間には無制限な自由が前提されてしまうことになる。だが、このときには、人間は全く外部をもたない、閉ざされた存在、どこまでいっても自分しか見えない、肥大化した自我存在になってしまうだろう。そしてこのような閉ざされた自我が、実際にいま、社会的にも個人的にも起こっている。それは、何でも自分の思うようになるし、またならなければならないという、全くの能動性、完全な自由とは、何の抵抗も感じない、全くの空無、空回りにすぎない。だからこういった自由は結局永遠の不自由、不満であり、そのような主体は、自分を確かめるために、絶えず暴力的に世界につかみかかることになる。[40]（傍点は引用者）

岩城はカントの議論を受けて、「感性」を「仮説的概念」と規定しながら、そこに受容能力を認め、人間の経験を開かれたものとして理解しようとしていたのだが、暴力を振るう人間について記述し始めたときにはその前提を崩し、暴力的な人間を世界と無関係な閉ざされた存在として描いている。しかし、暴力に関わる人間についても、その経験は世界に開かれていると考えなければならないのではないか。たとえ暴力であっても、それは外部世界とのひとつの関わり方にほかならないからだ。暴力を振るう人間を閉ざされた存在として見なしてしまえば、彼／彼女たちが何をどのように経験しているのかということに対する考察への道が閉ざされてしまう。それは、暴力的人間への無理解（という暴力）につながるし、暴力の本質の解明が不可能になってしまうのではないだろうか。暴力を振るう人間であっても、世界に対し、敏感な感性を有していると考えてみなければならない。

例えば統合失調症患者のなかには、「テレビが自分をバカにしている」「宇宙のことを考えていたら、だれかが電波を出し、頭に突き刺さった。弱い者でも殺せば腹いせになるとおもった」などの一般的にはほとんど理解されないような動機によって殺人にまで発展するケースがあることが報告されているが、[41] このことをどう考えればいいのか。暴力問題を考えるとき、そのようなケースを、「病人がやったことにすぎない」と個人的属性にその原因を帰して、単純・性急に葬り去ってしまってはならない。むしろ「方法としての統合失調症」とでもいった、現象学的暴力論が考えられなければならない。

精神科医で精神病理学者でもある中井久夫によれば、統合失調症患者はその存在の基底で、対象をもたない全体的な「恐怖そのもの」を体験しているという。また、急性の患者であれば、「世界がいっせいにしかも一つのものも多くの言葉で叫び出した」ような体験をしていて、そうした体験は、患者の意識性を極限にまで高め、その結果、患者は自分自身でも驚くような行動をとってしまうという。[42] ここには、岩城がイメージするような「肥大化した自我」どころか、世界に圧倒され、押しつぶされてしまいそうな自我の様相をみることができるのであり、そのことに対するあがきのようなものとしての暴力の特徴がみえてくる。

人間の様々な経験や行為を理解しようとするならば、こうした方向性で暴力を理解すべきなのではないのだろうか。そのような試みは、例えばメルロ＝ポンティが幻影肢という問題から人間存在における身体性の問題を浮き彫りにするように、人間存在における暴力性の根源さを浮き彫りにすると考えられる。

暴力の社会哲学の発展に向かって

暴力の社会哲学は、まだ成熟段階に達していない。そのことは、ここまでの論述で示せたのではないかと思うが、次の今村の指摘にも目を向けておこう。

世界中の学者たちはますます暴力現象への関心をたかめ、多くのコロックが開かれているし、多くの論文が書かれている。また過去の研究を振り返ると、すでに貴重な考察も出ていたことがわかる。（略）それでもなお、暴力の本性の解明は十分ではない。とくに社会に内在する暴力という主題は哲学的意味での人間学の観点から見ればほとんど明らかにされていないにひとしい。たしかに暴力現象の事実的な研究、社会科学的な実証研究は膨大に存在するが、暴力という事実が社会的な人間存在のなかに根付いている理由と筋道はそれほどはっきりしていない。[43]

この今村の指摘を受けて、ここではあらためて暴力の社会哲学は何を目指し、どうあるべきなのかを、本書の基本的な立場を示すものとして検討しておきたい。今村は、暴力の社会哲学を構築しようとしていた数少ない人物だった。彼は、『排除の構造』のなかで次のように述べている。

> 暴力の考察は、人間の社会関係の基礎への考察である。社会生活の表層に現れるさまざまの暴力現象を観察し分析することは、暴力の考察にとってきわめて重要な作業ではあるが、それにとどまることはできない。暴力の社会科学的分析と共に、暴力の社会哲学的考察が要請される。社会哲学的な暴力論は、多面的な暴力現象を問う。暴力の根源的性質、根源的な機能と役割が何であるかを、社会哲学的考察はひきうける。社会科学的観察が社会関係の表層に注意を向けるのに対して、社会哲学的考察は社会関係の根源へと目を向ける。（略）社会哲学的省察は、暴力への省察を通して、人間存在のより深い把握へと前進する。既成の暴力像を変更し、暴力へ新しい光を投げかけることは、人間、社会、歴史へ新しい光を投げかけることにも通ずるのである。[44]

ここで表明されている暴力の社会哲学の方向性こそ、本書が目指そうとしているところのものである。ただし今村自身は、社会関係のなかの暴力よりも、むしろ社会を創造する原初的暴力に関心を示し、議論をおこなっている。それは暴力の社会哲学というよりは、「暴力の社会存在論」とでも呼ばれるべき性格をもつ議論になっている。今村は暴力の根源性に気づき、その根源は人間関係・社会関係のなかにあると指摘していた。そして実際にその問題に目を向けようとしていたのだが、徐々に、より根源的な、つまり存在論的なレベルの暴力の考察に労力を費やすようになっていった。すでにみた論考「身体と暴力」や、彼の「第三項排除論[45]」などは、その例である。

しかし、存在論的なレベルの暴力の考察は、私たちをどこに連れていくのだろうか。たしかに、現実的なレベルでの暴力を対象化した末に、存在論的なレベルでの暴力の問題が重要になってくることは間違いないことだが、存在論的なレベルで暴力を考察するということは、要するに、人間存在の根源に暴力を位置づける、あるいは位置づいているという前提から出発してその構造を解明しようとする、ということである。そうした考察は、今村がいうように人間や社会に新しい光を投げかけるだろう。

しかし、暴力問題にどのように立ち向かうのかという方向性を探求しようとしている私たちの立場からすれば、「人間存在、又は社会生活にとって、暴力がそれを構成する一部分であることを認めたとしても、それを〈人間営為〉のなかでいかに位置づけるかが問われなかったら、問題の半ば以上が残っていることになりはしないか[46]」といわざるをえない。本書では、存在論的暴力論の重要性を認めながらも、その問題の深さに埋もれることなく、個別具体的な現象・問題の解明に資するようにして暴力性という次元に目を向けていく。

注

(1)今村仁司「暴力」、今村仁司編『現代思想を読む事典』(講談社現代新書)所収、講談社、一九八八年、五六四ページ
(2)暴力の自己言及性の問題については、以下ですでに言及したことがある。松田太希「スポーツにおける人間と暴力」、「体育科教育」編集部編「体育科教育」二〇一八年五月号、大修館書店、六七ページ
(3)今村仁司「暴力以前の力」、谷徹/今村仁司/マーティン・ジェイほか『暴力と人間存在』所収、筑摩書房、二〇〇八年
(4)鳶野克己「暴力の教育的擬態を超えて――教育学的暴力研究における人間学的展開のために」、同書所収、一一三ページ
(5)同論文一一三ページ
(6)スラヴォイ・ジジェク『暴力――6つの斜めからの省察』中山徹訳、青土社、二〇一〇年、一三ページ
(7)同書一八ページ
(8)同書一三ページ
(9)同書一七ページ
(10)では、鳶野とジジェクは、実際に暴力の場面に遭遇したとき、どんなふうに振る舞うのだろうか。そんなことを無邪気に彼らに問いたくなるのは筆者だけだろうか。それは皮肉ではなく、純粋な興味・関心である。筆者は、暴力研究を始めてからというもの、自分の研究が暴力という現実に対し、

どれほどの有効性があるのだろうかという悩みに強迫的に取りつかれてしまっている。深刻な問題であるにもかかわらず、決して焦らず、淡々と研究しなければならない。筆者の暴力研究の背景には筆者自身の経験があるため、しばしば冷静さを欠いてしまうことがある。そのたびに自戒し、切迫感にあおられながらも、ゆっくりと冷静に研究に取り組んでいくことを自分自身に言い聞かせている。この苦しい気分をあえて説明するならば、次のようになる。「もしぼくが何かの作用であの場のなかに放り込まれたらと考えると、いまぼくが持っている論理性とか整合性がどこまで耐えられるか、それがものすごい恐怖だったんですよ」。これは村上春樹の言葉なのだが、ここには、筆者の思いがそっくりそのまま取り出され、言語化されている。これは、村上が河合隼雄との対談のなかで発した言葉である。以下を参照。河合隼雄／村上春樹『村上春樹、河合隼雄に会いにいく』岩波書店、一九九六年、一八二ページ

(11) 今村仁司『暴力のオントロギー』勁草書房、一九八二年、二一二ページ
(12) 同書九九ページ
(13) 谷徹「暴力と人間存在の深層」、前掲『暴力と人間存在』所収、二一ページ
(14) 同論文二二ページ
(15) 前掲「暴力の教育的擬態を超えて」一一三ページ
(16) 前掲『暴力のオントロギー』九九ページ
(17) 暴力の研究は、なぜこうした姿勢でなされようとすることが少なかったのだろう。中村雄二郎は次のように推論している。「善が願望や希求の対象として一般的なイデアに還元されるのに対して、悪は存在形態が多様であり、質料的（material）で分散的であるからだろう。そのため、どうしても考察が一筋縄ではいかないのである」。もっとも、このような姿勢で暴力の問題を考えられるのは、比

較的、悪や暴力性が人間にとってデモーニッシュな魅力をもっていることに気づいている人々ではないだろうか。そうでなければ、悪について考察しようとは思わないだろう。むしろ、大方の人は、暴力への強い抵抗や倫理観をもっていて、それが徹底された暴力研究の生産を阻害してきたのではないかと考えることができる。以下を参照。中村雄二郎『悪の哲学ノート』岩波書店、一九九四年、三七ページ

(18) 加藤周一「日本社会・文化の基本的特徴」、加藤周一／木下順二／丸山真男、武田清子編『日本文化のかくれた形《かた》』所収、岩波書店、一九八四年、二五ページ

(19) 同論文二五ページ

(20) スポーツを方法にして社会問題について考えようとする試みとして、例えば多木浩二のそれが挙げられる。彼はスポーツをモデルにしながら資本主義やナショナリズムなどの社会問題について考察を展開している。多木の議論そのものは本書に直接に関連してくるものではないが、彼の研究には、スポーツをモデルにしてスポーツ以外の領域について考察することの可能性が示されている。詳しくは、以下を参照。多木浩二「資本主義のモデルとしてのスポーツ」「現代思想」一九八六年五月号、青土社、九四―一〇一ページ、同『スポーツを考える――身体・資本・ナショナリズム』（ちくま新書）、筑摩書房、一九九五年

(21) 前掲「暴力と人間存在の深層」二五ページ

(22) 同論文二五ページ

(23) しかし、「だから曖昧さが重要なのだ」として、曖昧さを、方法ではなく主張へと格上げするような態度にも、ここでは距離を置きたい。そのような振る舞いは、曖昧さそれ自体を価値として見なしてしまうような傾向を助長しかねないし、そうなると、学問的に何かを分析することの意味までもが

葬り去られてしまう可能性がある。
(24) 川島武宜『日本人の法意識』(岩波新書)、岩波書店、一九六七年、一一ページ
(25) ちなみに、クルト・マイネルは次のように述べている。「実践経験というものは、理論的認識に先行し、行為は認識に先行しているのであり、なお今日においてさえ、運動の本質についてのどんな認識獲得でも真の認識に至ろうとすれば、実践からその結果を引き出し、また、じかに観察し経験していくことからその結果を引き出してゆかなければならないのである」。このマイネルの指摘は、彼がスポーツ運動について現象学的に論じた著作のなかにみられるのだが、この指摘は人間の運動や行為一般にあてはまるものだろう。マイネルのスポーツ運動研究は、そうした大きな視野からなされているが、彼に影響を受けている体育学に関わる人々から体罰と暴力の概念区別の必要性が叫ばれるのである。そこには、スポーツ運動を特別視する姿勢と、体罰や暴力といった行為をさまつな問題として処理してしまおうという態度があることを感じてしまう。クルト・マイネル『マイネル・スポーツ運動学』金子明友訳、大修館書店、一九八一年、二一三ページ
(26) テオドール・W・アドルノ『否定弁証法』木田元/徳永恂/渡辺祐邦/三島憲一/須田朗/宮武昭訳、作品社、一九九六年、一八ページ
(27) 同書一八―一九ページ
(28) ウィトゲンシュタイン『論理哲学論考』奥雅博訳(「ウィトゲンシュタイン全集」第一巻)、大修館書店、一九七五年、九五ページ
(29) 同書一二〇ページ
(30) 永井均『ウィトゲンシュタイン入門』(ちくま新書)、筑摩書房、一九九五年、七三ページ
(31) 永井は、ヴィトゲンシュタインの「のり越えたはしご〔『論理哲学論考』のこと:引用者注〕は投

げ捨てねばならない」（前掲『論理哲学論考』一二〇ページ）という言葉にふれながら、この驚くべき自己否定的で両義的な性格こそがヴィトゲンシュタイン理解のポイントだとしている（同書七三ページ）。ヴィトゲンシュタイン研究は多くのものがあるのだが、筆者のヴィトゲンシュタイン理解は、その多くを永井に負っている。

（32）ベルンハルト・ヴァルデンフェルスは暴力の正当化の限界性を指摘する論考のなかで、暴力の正当化が事後的におこなわれることを次のように指摘している。「注意しなければならないのは、はっきりとした正当化は事後的におこなわれるという点である。正当化に用いられる言葉は法律用語の部類に属していて、その時制は——既にアリストテレスが修辞学のなかで確認しているように——過去なのである」。ある行為が正当化されるためには、その行為がすでに起きている必要がある。体罰と暴力が概念的に区別できると主張する人々は、おそらくこの点に気づいていない。それらの言葉は、多くの人々によって事後的に使用されているにすぎない。そこにあるのは、批判的な意味を込めて「これは体罰だ」ということもできるし、その行為の正当性を主張するために「これは（暴力ではなく）体罰だ」ということもできるという問題性である（ベルンハルト・ヴァルデンフェルス「正当化の限界と暴力への問い」村田純一訳、現象学・解釈学研究会編『理性と暴力——現象学と人間科学』所収、世界書院、一九九七年、一三ページ）。また、ヴァルデンフェルスは、暴力の正当化に用いられる言葉が法律用語の部類に属していることを指摘しているが、これも重要な指摘である。第7章「教師—生徒関係の暴力性」でも言及する寺崎弘昭の体罰史研究では、そのことを資料に基づきながら明らかにしている。詳しくは以下を参照。寺崎弘昭『イギリス学校体罰史——「イーストボーンの悲劇」とロック的構図』東京大学出版会、二〇〇一年、二〇二—二一三ページ

（33）前掲『論理哲学論考』一一九ページ

（34）前掲『暴力のオントロギー』二一二―二二四ページ
（35）同書二一六ページ
（36）同書二二四ページ
（37）岩城見一「理性の感性論」、京都市立芸術大学美学文化理論研究会編『アイステーシス――二十一世紀の美学にむけて』所収、行路社、二〇〇一年、四七―四八ページ
（38）同論文四九ページ
（39）同論文四九ページ
（40）同論文五〇ページ
（41）赤坂憲雄『排除の現象学』（ちくま学芸文庫）、筑摩書房、一九九五年、二二八―二三三ページ
（42）中井久夫『最終講義――分裂病私見』みすず書房、一九九八年、五七―五九ページ
（43）今村仁司『抗争する人間（ホモ・ポレミクス）』（講談社選書メチエ）、講談社、二〇〇五年、一一二ページ
（44）今村仁司『排除の構造――力の一般経済序説』青土社、一九八五年、二〇ページ
（45）詳しくは以下を参照。同書一一五―二六六ページ、前掲『暴力のオントロギー』四四―八八ページ、今村仁司「貨幣」、前掲『現代思想を読む事典』所収、一三七―一三八ページ
（46）原田統吉『暴力論――喧嘩・テロリズム・核戦争をつなぐもの』（教文選書）、日本教文社、一九八八年、二一六ページ

第2章　スポーツの本質に関わる暴力性

1　スポーツの本質の一側面としての暴力性

スポーツ集団の暴力性を考えるためには、まずスポーツの本質に関わる暴力性と、その暴力性が指導者や選手にどのような影響を及ぼしているのかを考える必要があるだろう。暴力性という問題はスポーツに限ったことではないとすると、スポーツの暴力性とはいったいどのようなものか、その特殊性を考えなければならない。スポーツの本質に関わる暴力性は、スポーツの現場で生きる人々にどのように影響しているのだろうか。

スポーツの本質を考えるために、「スポーツとは何か」と問うことが必要になるだろう。この問いには様々な回答[1]が可能だが、暴力性という問題を念頭に置いたときに考えられる回答は、スポーツとは「より速く、より高く、より強く」という理念を人間に求める身体運動文化だというものだろう。この理念は、周知のようにオリンピック標語として採用されているものであり、それ自体、暴力性などという暗い事柄とは、一見したところ無縁のように思われる。しかしこのスポーツの本質的理念は、暴力性として人間に作用しているのである。

スポーツには「試合に勝つ」という絶対的な目的[2]が存在し、選手は「いまよりうまくなる」ことを、指導者は「よりよい結果を出す」ことを期待されるし、彼／彼女たちは、それを目指す。それはスポーツをするうえでの大きな指標のようなものだが、それ自体がスポーツの暴力性の起源だといえるのである。

なぜなら「いまよりうまくなる」ことを目指すということは、「いまのままでは駄目」ということであり、「よりよい結果を出す」ことを目指すということは、「いまのチームの実力のままにしておいてはならない」ということを意味しているからだ。つまりスポーツは、その時点での指導者と選手の生を否定するような力をもっているのである。すなわち、スポーツのもとでは人間は常に不完全な存在であり、彼／彼女たちはいまの自己とよりよい自己との間で揺れ動いているのである。この状態は彼／彼女たちの生に緊張を生み出していて、実存的な不安をもたらしていると考えられる。この不安は、指導者や選手たちのあの一生懸命さの裏側にあるものである。懸命に努力する指導者や選手は、「いまのままではいけない」という不安とも焦りともいえる状況のなかで生きている。スポーツの場には、このような根源的な暴力性を指摘することができるだろう。

ただし、指導者と選手がスポーツの根源的な暴力性にさらされているといっても、それはすでに述べたように、スポーツの本質に関わるものであるから、わざわざ「暴力性」などという言葉を使って騒ぐことでもないように思われる。しかし指導者と選手は、スポーツの暴力性によって規定される生にしばしば悩まされている。それを見て取ることができる場面には様々なものが考えられるが、ここでは、スポーツの暴力性の現実的・典型的な現れとして体罰を考えることができる。

体罰は、その発生要因について、勝利至上主義の問題として[3]、指導者の怒りの問題として[4]、スポーツの歴史の問題として[5]、日本的集団主義の問題として[6]、様々な視点から論じられてきている。しかし本書で論じるような方法で、つまりスポーツの暴力性との関連で述べているものはない。したがって、スポーツの本質に関わる暴力性との関連で体罰を考察する以下の議論は、スポーツ集団という場の暴力性がどのようにして具体的に人間に影響しているのかを明らかにするだけではなく、同時に、体罰についての新たな理解を提示するものでもあるだろう。

規律・訓練の彼岸

坂本拓弥は、スポーツ集団のひとつの具体例である運動部活動でなぜ体罰がなくならないのかについて、そのメカニズムを考察している。

坂本には、体罰を論じるとき、単純な是非論は意味をなさないという問題意識がまずはある[7]。単純な是非論は、往々にして問題の解決ではなく、意見対立に終始してしまうからである。そこで坂本は、運動部活動での体罰の継続性に着目して、その継続性を身体性という視座から捉えることの重要性を主張する[8]。そして、運動部活動のなかの身体性を「模倣」と「ハビトゥス」という視点から捉えている。

坂本によれば、体罰の伝播は生徒（選手）が指導者に対するときの「模倣」、とりわけ「威光模倣」という身体的な関わり方によるという。そして、生徒（選手）たちの身体性は、運動部活動の「ハビトゥス」に拘束されていて、そのために体罰は、運動部活動のなかでいわば「伝承知」[9]として継続されてきたというのである。坂本の研究は、体罰をある種の慣習として捉え、その慣習性が「ハビトゥス」と、その基盤にある身体性によって支えられていることを示した点で、それまでの体罰論とは一線を画したものだったといえる。

しかし坂本の議論では、運動部活動の暴力性に関する言及はない。正確にいえば、暴力性についてでは「ハビトゥス」論の背後に片づけられてしまっている[10]。また、体罰が「伝承知」として見なされ、いわば脱色されて取り上げられてしまっている[11]。坂本の議論では、体罰現象それ自体が生徒（選手）や指導者に対してどのような意味をもっているのかについては論じられていない。要するに、運動部活動で体罰が続いてしまう要因について坂本は、運動部活動にはそういう文化があり、その文化を支えているのがそこに属する人々の身体性なのだとしか指摘していないのである。したがって坂本の議論は、体罰固有の継続性ではなく、体罰の継続を含めたあらゆる慣習の継続性を説明したものといえる。坂本の議論では体罰固有の意味、人間への影響、そして、それに関わる運動部活動（スポーツ集団）という空間の特殊性がまだ語られていないのである。

一方、スポーツの暴力性に関する研究にはどのようなものがあるだろうか。これまでに、スポーツの暴力性については数多くの研究がなされている。その研究群のうちのひとつの大きな潮流が、スポーツ空間の規律・訓練性に関する研究である。例えば舛本直文は、運動部活動での体罰を問題視し、その背景に運動部活動の規律・訓練性をみている。[12] 舛本は、運動部活動が生産する身体は、「いわゆる「見られて規律ある整然とした身体」という、軍隊的な規律ある身体と同根である」[13] と指摘している。それは明治維新以来培われてきた身体の規格化に関わっている。舛本は、運動部活動の規律・訓練性を脱却するためには、「自由な身体」に気づかせ、「居心地の良い身体」を生産するシステムとして運動部活動を再編する必要があると述べている。[14]

しかしこの舛本の議論には、いささか強引さを覚える。なぜなら「自由な身体」「居心地の良い身体」とは、いったいどのような身体のありようのことなのかが不明瞭だし、もし仮に「自由な身体」「居心地の良い身体」なるものが見いだされたとしても、そのような身体を生産することが運動部活動の規律・訓練性を克服し、体罰問題の解決にもつながるといえるかどうかが議論されていないからである。

ここで問題になってくるのは、規律・訓練という概念である。規律・訓練とは、ミシェル・フーコーが『監獄の誕生』で提示した、権力の一様態を表す概念である。それは、近代社会の成立以降、主体は初めから自律的に主体として立ち上がっているのではなく、実はパノプティコンに代表されるようなインビジブルな権力への無意識的服従によって、逆説的にも、それによって主体として主体化させられていることを指摘している。そのような規律・訓練の機能は、「規格」が身体上に課せられることによって、その身体を「規格」にのっとり規格化していくというものである。つまり、規律・訓練性からの脱却とは、近代以降、人々の身体に向けられる規格化と、それによる閉塞感を打ち破ろうとする姿勢のことだと規定することができるだろう。

舛本の議論に戻ろう。彼は規格化された身体ではなく、自由で居心地がいい身体を運動部活動（スポーツ集団）は生産すべきだと述べている。しかし、それはどのようなものなのかが非常に曖昧であった。フーコーの議論について振り返ったいま、私たちにとって問題になるのは、「自由な身体」「居心地の良い身体」を新しい「規格」として措定することの妥当性である。舛本がいう「自由な身体」「居心地の良い身体」が万人に対するものでなければ、その「規格」は新たな閉塞感を生むことは容易に予想できる。このことからいえるのは、「規格」の入れ替えは絶対的な根拠によってではなく暴力的におこなわれるのであり、「規格」を入れ替えるだけではそれは相変わらず「規格」なのであり、したがって規律・訓練性を脱却するという構想は、あまり現実的なものではないということだろう。

舛本の議論を批判的に検討することでみえてくるのは、スポーツの規律・訓練性としての暴力性をきわめて素朴な近代批判の延長線上に置いてしまってはならないということである。スポーツは根源的に暴力性をはらんでいるのであり、したがって体罰は、その根源的な暴力性の延長線上で考えられなければならない。そのような議論によってこそ、体罰とそれに関わるスポーツ集団の特徴は指摘できるのである。

鳶野によれば、選手たちは「大切な競技大会に参加して好成績を挙げることを、目指すべき目標、「望ましさ」として内面化(15)」しているという。「そして、子どもは、誰に強いられたからでもなく、目指すべき目標としての「望ましさ」をみずからの意志で選び取ったと信じるとき、その「望ましさ」における価値の実現に向けて、みずから望んで「強制」や「拘束」を伴う学びや練習にしばしば身を投じていくのである」[16]

すなわち、選手が試合に勝つことをスポーツの「望ましさ」として受け取るとき、彼／彼女たちは「いい選手」になろうとする。「いい選手」とは、スポーツ空間で選手たちに課せられている「規格」であり、選手たちは、その「規格」のもとで、「もっとうまくならなければならない」と自己を規律し、指導者からの様々なはたらきかけを受け入れる。ここに、選手が体罰までをも受容する可能性がひそかに生まれている。

スポーツ空間では、選手に対して、「いい選手」という「規格」がスポーツをおこなう際の「望ましさ」を担保として機能していて、選手はその「規格」に向かっていく「自己規律的な主体」になっていることがわかるだろう。「自己規律的な主体」を生み出すスポーツのこの規律・訓練性。これこそが、スポーツの本質に関わる根源的な暴力性である。舛本はいわば「近代の負の遺産」として運動部活動の規律・訓練性を指摘していたが、本書はスポーツの規律・訓練性を、単に近代的権力の残滓の問題としてではなく、スポーツの暴力性のうちに認めるのである。

「規格化のための制裁」としての体罰

ここからは、選手にとっての体罰の意味について考えながら、スポーツの暴力性がどのように選手たちの自我に影響しているのか、その様相をみていこう。

スポーツのなかで、選手は「いい選手」という「規格」のもとで自己規律的な主体になることを確認した。では、この主体に対し、体罰はどのように作用し、どのような意味をもたらすのか。ここでも、フーコーの議論を参照してみよう。
フーコーは、規律・訓練のひとつのモメントとして体罰を位置づけている。その機能とは、「規格化のための制裁」というものである。「規格化のための制裁」について、フーコーは次のように説明している。

人々の個別的な行動・成績・行状を或る総体へ、つまり比較の領域でもあり区分の空間でもあり拠るべき規則原理でもある或る総体へ指示関連させること。個々人を相互の比較において、そうした全般的な規則との関連において差異化すること（略）規律・訓練的な施設のすべての地点をつらぬき、それの一刻一刻を取締る常設的な刑罰制度は、比較し差異化し階層秩序化し同質化し排除する。(17)

このフーコーの説明を私たちの関心に引き寄せて考えるならば、スポーツ空間で選手たちは「いい選手」という「規格」のもとで処罰され、差異化・個別化されることで、自己規律的な主体として「いい選手」という「総体」へと方向づけられているということになるだろう。そして、「規格化のための制裁」のひとつの形式として体罰がある。フーコーは次のように述べている。

工場や学校や軍隊では、あらゆる微視的な刑罰制度が、つまり時間についての（遅刻、欠席、仕事の中断）、行状についての（不注意、怠慢、不熱心）、態度についての（無作法、反抗）、言葉遣いについての（饒舌、横柄）、身体についての（「だらしのない」姿勢、不適切な身ぶり、不潔）、性欲についての（みだら、下品）、微視的な刑罰制度がひろくゆきわたるのである。と同時に、軽い体罰に始まって軽度の没収および些細な加辱にいたる、一連の精密な手段が処罰として用いられる。[18]

この記述は、「規格」との関連性を意識しながら理解されるべきだろう。「いい選手」という「規格」が設定されるがゆえに、「規則などへの違反、規則に妥当しない一切の事柄、規則を離れる一切の事柄」[19]や「逸脱」[20]が生徒の身体上に発生し、そのとき「規格化のための制裁」は行使される。その具体的な形式として、フーコーは体罰を考えているのである。スポーツに取り込まれた選手たちは、「いい選手」という「規格」のもとで体罰を行使され、規格化されていくのである。

しかし、フーコーが提示する「規格化のための制裁」としての体罰の効果は、いったいどのように達成されるのだろうか。この点に対する回答をフーコーの議論に求めることは、方法論的に閉ざされてしまっている。なぜならフーコーの議論は、権力がどのように人間の身体を包囲したのかだけに焦点を定めているからである。体罰が「規格化のための制裁」として機能することを明らかにするためには、規律・訓練の空間に取り込まれた選手が主体化していく過程の内実としての心的なメカニズムをまずは解明し、次に、その過程に対して体罰がどのように機能するのかを示さなければならない。以下、これを課題にして、選手に対する「規格化のための制裁」としての体罰の心的メカニズムを探求してみよう。

「良心」の形成

スポーツのなかで選手が主体化していく心的な過程はどのような光景で、その過程に対して体罰は「規格化のための制裁」としてどのように関与しているのか。ここからは、フーコーの議論が身体という舞台だけでおこなわれているという点に切り込んでいったジュディス・バトラーの議論を参照してみよう。その議論は、『権力の心的な生』[21]のなかにみることができる。まずは、フーコーに対するバトラーの立場のとり方をみてみよう。

「主体化＝服従化［subjection］」とは、主体になる過程を指すとともに、権力によって従属化される過程を指す。（略）フーコーは、この定式化の両義性［ambivalence］を認めているにもかかわらず、服従において主体が形成される固有のメカニズムについて詳述していない。フーコーの理論においては、心的なものの領域全体がほぼ言及されないままになっているだけでなく、［主体を］従属化すると同時に生産するというこの二重の誘因を持った権力が探究されないままになっている。従って、もし従属化が主体化の一条件であるなら、その権力が取る心的な形式とは何か、と問うことには意味がある。こうしたプロジェクトは、権力理論を心的なものの理論とともに考えることを必要とする。それは、フーコー派と精神分析派の双方の著者たちが避けてきた仕事である。[22]

バトラーは当該書の目的を、主体化＝服従化の理論の精神分析的補完にあるとしている。この目的設定をみれば、バトラーの議論は、スポーツという文化＝権力の規律・訓練性、つまり暴力性がどのように人間に影響しているのかを考察するための有効な手がかりになることが予感されるだろう。以下、彼女の研究を実際にたどってみよう。[23]

バトラーは、ゲオルグ・W・F・ヘーゲル、フリードリヒ・ニーチェ、ジークムント・フロイト、ジャック・ラカン、ルイ・ピエール・アルチュセール、フーコーらの議論を参照し、主体形成の心的メカニズムを説明している。彼女がまず注目するのは、アルチュセールが「イデオロギーと国家のイデオロギー諸装置[24]」のなかで提示した「振り向き」という概念である。「振り向き」とは、主体化＝服従化の比喩として機能し、「イデオロギーは諸個人としての諸主体に呼びかける[25]」という命題で端的に示される。この概念は、権力の呼びかけを内化することによって個人は主体へと生成する、という事態を示そうとするものである。しかしバトラーは、アルチュセール的な意味での権力への「振り向き」を「自分自身に対して振り向くこと」「自分自身へと還帰すること」と再定義する。では、「自分自身に対して振り向くこと」「自分自身へと還帰すること」とは何を意味しているのか。

それは、「良心」の形成を意味する。「良心」とは、「主体を自分自身にとっての対象とし、自分自身について省察し、自分自身を省察的で反省的なものとして確立する手段である[26]」。では、「良心」とその省察性・反省性はどのようにして形成されるのか。バトラーは次のように述べている。

フロイトとニーチェは、規範の生産性に依拠した主体形成について、それぞれ異なった説明を提示している。両者は意識の生産を、内化された禁止の効果（それによって、単に剝奪的でなく生産的な「禁止」を確立する）だと説明する。フロイトとニーチェにおいて、行為あるいは表現に対する禁止は、「欲動」を自分自身へと還帰させ、自己吟味と反省性の条件である内的な領域を作り出すとされる。自分自身へと還帰した欲動は、主体形成を促進する条件、すなわち還帰への原初的熱望になるのであり、そうした欲望はヘーゲルの不幸な意識についての見解においても跡づけることができる。自分自身への折り返しが原初的熱望、欲望、欲動のいずれによって遂行されるのであれ、それは各々の場合において、自己叱責の心的習慣——それは時間の経過とともに良心として強化される——を生み出すのである。[27]

バトラーによれば、「規範の生産性」、つまり「自分自身に対して振り向くこと」は行為や表現が禁止されることでその効果が生み出されるという。そして、そのことが反復されていくと次第に「反省性」を、あるいは「良心」そのものを強化していく。すなわち「反省性」は、「禁止」によって「欲動」が自分自身へと「還帰すること」で形成されるのである。バトラーは、さらに次のように述べている。

さらに、道徳的禁止、とりわけ身体に対して振り向けられた道徳的禁止は、それ自体、それが制限しようとする身体的行為によって維持される。（略）そのときフロイトによれば、自己に課された良心の命令が追及され、適用されるのは、まさしくそれが今や、自らの禁止しようとする満足そのものの場だからである。換言すれば、禁止とは、禁止された「欲動」あるいは欲望にとっての置換された満足の場となり、有罪を宣告する法の指示の下で欲動を生き直す機会となるのである。[28]

「道徳的禁止」とは、規格化するときに身体上に課されるものである。この禁止を受け入れることによって主体のなかに「良心」が形成されると、まずその「良心」が権力の代行者としてその下位に位置づけられる自我を統制し、「欲動」の表出を断念させる。しかしそのような過程が繰り返されるにつれてこの関係は逆転し、「欲動」の断念そのものがむしろ「良心」を強化するようになる。身体に対して「禁止」が繰り返し向けられることで、「禁止」それ自体が「欲動」あるいは「欲望」を満足させる場になるのである。

このようにバトラーは、権力を、「禁止」という手段によって主体にはたらきかける機構とみて、それによって主体は主体化させられていると捉えている。バトラーが指摘するこのような権力のありようを、ここでは「禁止の権力」と呼んでおこう。ここでは、「禁止の権力」とは、「禁止という手段によって、服従化された主体を生産し、再生産するような生産的権力」[29]とまとめておくことができる。

「禁止の権力」としてのスポーツ

さて、場面をスポーツに戻そう。スポーツにはどのような「禁止の権力」性が指摘できるだろうか。

例えば、運動部活動などでの部内規則を考えてみることができるだろう。頭髪、服装、時間、素行などについて多岐にわたる詳細な規則が運動部活動には設定されている。長髪はプレー中の集中力を妨げ、だらしがない服装は心の乱れと見なされ、遅刻はやる気のなさの表出であり、買い食いなどは自己管理力の欠如とされる。

こうした部内規則の正当性は、「いい選手」という「規格」によって担保されているといえるだろう。部内規則で禁止されている行為は、「いい選手」になるために許されない行為なのであり、部則は、「いい選手」になるために選手（生徒）を拘束する「禁止の権力」としての制度なのである。

もっとも、これは曖昧な基準ではあるが、実はその曖昧さこそが重要なのである。なぜなら、「行為のどんなに小さい部分をも処罰可能にする、と同時に、規律・訓練の装置の有する一見些細な要素にも処罰機能を付与[30]することで、あらゆる禁止が可能になるからである[31]。このように考えてみれば、スポーツ空間にも「禁止の権力」の特徴があることが認められるだろう。曖昧な基準による処罰はしばしば、教員や指導者の恣意的で身勝手なものだとして非難されることがある。たしかにそういう面もあるだろうが、ここでは、そのようにして選手や生徒を処罰可能にする仕組みそのものを禁止の権力性として指摘しておきたい。

ここまできてようやく、スポーツがどのようにして選手や生徒という主体を形成するのかをまとめることができるだろう。すなわち、スポーツは部内規則などのような「禁止」という手段によって、「欲動」を選手自身や生徒自身のほうに向かわせ、「いい選手」へと自己規律的に主体化を目指すような「良心」を選手や生徒の内部に形成させるものだといえる。

「苦痛」の機能——「快」としての体罰

では、こうした主体形成のメカニズムに対し、「規格化のための制裁」としての体罰はどのように機能するのだろうか。

まず、「規格化されなければならない状態」とは、「良心」の「反省性」が弱体化している状態として捉えることができる。そのような状態にある選手は、実際には、ミスプレー、だらしがない服装、遅刻などによって発見される。要するに、「いい選手としてふさわしくない行動」をした選手がこの状態にあると見なされることになる。

体罰は、この者に身体的・精神的苦痛を与えるのだが、当然のことながら、体罰は苦痛を与えることそれ自体を目的にしているのではない。それはまさに体罰として、「いい選手」というある種の道徳性のもとで行使されるのだから、苦痛を与えることによって「いい選手」という価値を選手に内化させることがその目的だといえるだろう。逆にいえば、そのようにして教育的な意味が付与されなければ、それは単なる暴力行為だったということになってしまう。殴るという行為が暴力として失敗するのではなく、体罰として成功するかどうかは、要するに道徳性による意味付与が成功するか否かにかかっているのだ。

いずれにせよ、体罰は単に触れるのではなく苦痛を与える点にその特徴を認めることができるのだから、この苦痛が主体形成に対して何らかの意味をもたらしているのではないかと問うことができるだろう。ここでは、バトラーの次の指摘をみてみよう。

> ニーチェは「疾しい良心の始まり」を、「暴力によって潜在的なものとされた自由への本能」と記述している。しかし、この自由の痕跡は、ニーチェが記述する自己束縛の中のどこにあるのだろうか。それが見出されるのは、苦痛を加える際に得られる快の中、道徳性のために、道徳性の名の下で自分自身に苦痛を加える際に得られる快の中である。（略）疾しい良心の起源は、自分自身を迫害することで得られる悦びであり、そのとき迫害された自己は迫害の圏外には存在しない。しかし、処罰の内化はまさしく自己の生産であり、快と自由が奇妙にも位置しているのはこの生産の中なのである。[32]（傍点は原文）

道徳性の名の下でおこなわれる自己処罰の苦痛は、「自己の生産」のための「快」へと変換されるのだという。バトラーはこの一連の事態について、主体形成の「製作行為の場」[33]と呼んでいる。ここには、選手や生徒が体罰を肯定的に受け入れていく心性を垣間見ることができるだろう。

しかしながら、そのような事態はいったいなぜ発生するのか。この問いは、処罰の内化が何を意味するのかという問題に関わっている。ニーチェの次の指摘をみてみよう。

すなわち、記憶の力を伸ばすようにすること、これからはもう少し慎重に、疑いぶかく、隠密に事を運ぼうと意志すること、どうしても自分の力ではできないことがたくさんあるものだと悟ること、要するに自己批判の一種の是正のうちに、われわれは刑罰の真の効果を求めねばならないのである。(34)

ニーチェが説明する「刑罰の真の効果」とは、「自己批判の一種の是正」を与えるというものである。これは、「良心」を強化することによって主体化を促すことについての指摘だと解釈できるだろう。つまり体罰による苦痛は「良心」を強化し、自己処罰を促し、その過程で自己を自己の理念型(「いい選手」)へと製作していく充足感=快と結合し、その結合が「生への誘惑」(35)を引き起こすのである。体罰による苦痛が引き起こすこうした心性によって、選手や生徒たちは体罰を甘受したり、肯定的に捉えたりするのだと考えられる。

暴力を引き受ける人間学的基底

しかし、それでもなお、なぜ体罰は「規格化のための制裁」という機能を選手に対して発揮することができるのかと問うことができてしまう。言い換えるならば、暴力を甘受する人間学的基底とは何か、という問いである。この疑問を解消するために、ここでもバトラーの議論への言及から始めてみたい。

バトラーは人間を、「存在しないよりは、従属化された状態で存在したい[36]」存在だと捉えている。その人間観をもとに彼女は、「人は自分自身の形成そのもののために権力に依存し、その形成は依存なしには不可能であり、大人の主体の地位はまさしくこの依存の否認と再上演に存する[37]」と述べている。つまり、人間は何者かとしてこの世界で生きていたいという自己保存の欲望をもつ存在なのであり、ここに、体罰に現れるようなスポーツ空間の暴力性への選手の服従化＝主体化の姿がみえてくる。

「規格化のための制裁」としての体罰は、「いい選手」という「規格」のもとで選手に対して行使されるのであり、そのときの体罰の苦痛は選手の「良心」と出合い、「自己を製作する」という道徳的な快楽へと変換され、選手は体罰の苦痛のなかで自己を生きることになる。こうして、体罰の繰り返しは、「それ自体が欲動あるいは欲望を満足させる場」になり、「規格化のための制裁」としての体罰は、選手の自己保存の欲望を養分にすることでその機能を達成するのである。

バトラーの自己保存の欲望に関する議論と体罰との関連性についての検討から、選手が体罰を甘受することは、「その実存的否定を先取り的に回避する［preempt］ための魔術的な努力[38]」として理解することができるだろう。

2　指導者はなぜ体罰をおこなうのか

自己保存の欲望と暴力

では一方で、体罰を行使する主体である指導者にとって、体罰はどのような意味をもっているのだろうか。

体罰はスポーツの暴力性のひとつの現れとして見なすことができることを先に指摘したが、そのときの指導者という存在は、スポーツの暴力性をその身体で体現する媒体だと見なすことができるだろう。したがって指導者に対するスポーツの暴力性の影響についても、指導者と体罰の関わりやその意味に着目することで考察が可能になる。

選手が体罰を受容する事態には彼／彼女たちの自己保存の欲望が基盤にあったが、指導者と体罰の関係でも、自己保存の欲望が決定的な影響を与えている。以下、そのことを明らかにするために、マックス・ホルクハイマーとアドルノの議論を参照してみよう。

ホルクハイマーとアドルノはホメロスの『オデュッセイア』を取り上げ、人間の自己保存の欲望と暴力の関係についての議論を展開している。ここではその議論のなかから、主人公オデュッセウスと海の魔物セイレーンに言及している箇所[39]を取り上げる。

オデュッセウスは長い航海の間に様々な困難に遭遇するのだが、数ある困難のうちのひとつとして、ホルクハイマーとアドルノは、オデュッセウスとセイレーンの出会いを取り上げている。セイレーンは海にすむ魔物であり、その甘美な歌声で航海中の人々を惑わせ、遭難や難破に追い込むのである。そのことについて、オデュッセウスは次のように忠告される。

セイレンたちは草原に坐って、すき通るような声で歌い、人の心を魅惑する。セイレンたちの周りには、腐りゆく人間の白骨がうず高く積もり、骨にまつわる皮膚もしなびていく。そなたはここを漕ぎ抜けねばならぬ。が、そなたのほかは誰も声を聞けぬように、甘い蜜蠟を捏ね、これを部下の耳に貼りつけなさい。しかしもしそなたが、自分だけは聞きたいと思うなら、そなたは帆柱の根元に真直ぐに立ち、部下に命じて手足を縛らせ、網の端を帆柱に結えつけさせなさい。[40]

上野成利はアドルノとホルクハイマーの議論にふれながら、この「セイレーンの歌声とは主体の深層に潜む自己融解の欲動にはたらきかけてくる危険な誘惑なのであって、この誘惑に屈した主体は自律的な主体として生きることを放棄し、自己の統一性を失ってしまう[41]」のだと指摘する。しかしオデュッセウスは故郷に帰るために、それがどれほど過酷な航海だとしてもセイレーンの誘惑に負けて白骨のひとつになってしまってはならない。つまり、主体としての主体性を放棄してはならない。それは、彼の航海の意味そのものを否定することでもあるからだ。そのときにオデュッセウスがとらなければならない行動とは、従者たちの耳に蠟を詰めてセイレーンの歌声が彼らに届かないようにして、船を懸命にこがせることであり、実際にオデュッセウスはそうすることでセイレーンの誘惑による自己融解という難関を切り抜ける。

指導者にとっての体罰の意味

　ホルクハイマーとアドルノは、この場面を「神話と支配と労働との絡み合った姿が保存されている」[42]と、そこに理性と暴力の密接な関わりを指摘し、さらには社会的な支配関係や労働体制への批判を展開していくのだが[43]、ここではオデュッセウスが自己保存を従者たちへの暴力によって達成している点に注目してみたい。この神話の一場面では、主体の自己保存には他者とその他者への暴力の必要性が示唆されているようにみえるからである[44]。他者への暴力と自己保存という観点から、指導者が体罰をおこなうことの意味を検討してみよう。

　指導者が体罰をおこなうときの他者は選手である。そして、この選手は、指導者にとっての自己保存のための他者だろう。言い換えれば、選手は指導者の自己保存のためのよすがと見なされていると考えることができる。なぜ選手がよすがとされるのか。それはいうまでもなく、指導者にとっての自己保存とは自己の指導者性を確保することにあり、それは選手との関係で定立されるものでしかありえないからだ。指導者の指示に従う選手が存在することで指導者の指導者性は生まれ、保持され、証明されるのである。

　しかし指導者にとって、選手は完全には統御不可能で不確実な他者なのだから、指導者の指導や指示に対する選手の不徹底が発生するのは至極当然のことだろう。具体的にそれはミスプレーだったり、きちんと挨拶ができなかったり、練習への遅刻や忘れ物をすることだったりする。そのような選手の不徹底は、指導者がその指導者性を喪失する契機でありうるだろう。指導者の指導や指示に従わない、あるいは従えない選手の存在によって、指導者は自己の指導者性を確認できなくなるのである。指導しているチームや部活の秩序が乱れ、ほとんど崩壊してしまっているような状態のなかで、自分がそのチームや部活の指導者であることを誇らしく思うことはできないだろう。先に挙げた場面以外では、選手が成長しないこと、成績不振などが、指導者が自身の指導者性への危機感を覚える契機になりうる。これらの事態が起きたときに、指導者は体罰を行使することがあると考えられる。なぜなら、体罰を行使することはある種のスポーツ指導者らしさを獲得し、自己の指導者性を回復させることを意味する振る舞いだからだ。[45]「殴ってくれる指導者（先生）に一生懸命さを感じる」という感受性をもつ人々が一定数いるということが、そのような体罰の意味づけを、指導者や教師たちに可能にしているのである。

たしかに、選手に体罰を加える指導者の姿には、選手に熱烈に関わろうとするエネルギーを感じ取ることができるだろう。しかし体罰をおこなっている指導者が、根源的には自身の指導者性の喪失を体罰によって回復しようとしているのならば、指導者の体罰から感じるエネルギーは選手への熱烈な関わりではなく、選手を活用した熱烈な自己獲得へのエネルギーだといえる。指導者にとっての体罰の意味も、選手の場合と同様に、その実存的否定を回避する点にあると考えることができるのである。ここに、いくら糾弾されても体罰がなくならない根本的な要因があるだろう。体罰が指導者の実存に深く関わっているのならば、それは善悪や倫理などに基づく解決論を容易には寄せ付けないのである。

注

（１）例えば樋口は、「スポーツとは、日常生活とは異なる意味連関をもつ特殊な情況のなかで（遊戯性）、人為的な規則に基づき（組織性）、他人との競争や自然との対決を含んだ（競争性）、身体的活動（身体性）である」と、アレン・グートマンやマイネルらの議論を参照することで、首尾よく定義している。以下を参照。樋口聡『スポーツの美学――スポーツの美の哲学的探究』不昧堂出版、一九八七年、二三―三一ページ

（２）ここでの「絶対的」という言葉には、勝利至上主義的な意味合いは含まれておらず、グートマンがいうように、スポーツゲームが構造的に勝敗を決するように構成されていることを含意している。具体的に考えるならば、例えば野球の試合で、両チームともに負けることを目指してプレーしていても、どちらかのチームが必ず勝つことで試合は終わるようになっている（ルールとして引き分けが課されない場合）。以下を参照。アレン・グートマン『スポーツと現代アメリカ』清水哲男訳（Books'80）、ティビーエス・ブリタニカ、一九八一年、一二五ページ

（３）関根正美「体罰の温床・勝利至上主義とフェアプレイの狭間」、「体育科教育」編集部編「体育科教育」二〇一三年十一月号、大修館書店、三八―四一ページ

（４）藤森和美「だからこそ指導者は〝アンガーコントロールトレーニング〟を」、同誌四六―四九ページ

（５）山本順之「暴力をとおして見る学校運動部論」、大谷善博監修、三本松正敏／西村秀樹編『変わり

ゆく日本のスポーツ』(SEKAISHISO SEMINAR)所収、世界思想社、二〇〇八年、二二八―二四四ページ
(6)西山哲郎「体罰容認論を支えるものを日本の身体教育文化から考える」、日本スポーツ社会学編「スポーツ社会学研究」第二十二巻第一号、日本スポーツ社会学会、二〇一四年、五一―六〇ページ
(7)坂本拓弥「運動部活動における身体性――体罰の継続性に着目して」、体育・スポーツ哲学研究委員会編「体育・スポーツ哲学研究」第三十三巻第二号、日本体育・スポーツ哲学会、二〇一一年、六五ページ
(8)同論文六五ページ
(9)同論文六八ページ
(10)同論文六六ページ
(11)同論文六九ページ
(12)舛本直文「学校運動部論――「部活」はどのような身体文化を再生産してきた文化装置なのか」、杉本厚夫編『体育教育を学ぶ人のために』(学ぶ人のために)所収、世界思想社、二〇〇一年、二七〇ページ
(13)同論文二七八ページ
(14)同論文二七九ページ
(15)前掲「暴力の教育的擬態を超えて」一二四ページ
(16)同論文一二四ページ
(17)ミシェル・フーコー『監獄の誕生――監視と処罰』田村俶訳、新潮社、一九九七年、一八六ページ
(18)同書一八二ページ

(19) 同書一八二ページ
(20) 同書一八二ページ
(21) ジュディス・バトラー『権力の心的な生——主体化=服従化に関する諸理論』佐藤嘉幸/清水知子訳(暴力論叢書)、月曜社、二〇一二年
(22) 同書一〇—一一ページ
(23)「文化=権力」という等式は、文化をすばらしいもの、権力を抑圧的なものと見なす図式のもとではありえないものだろう。しかし、私たちの現実世界で文化と権力は、実に巧妙に結託・混在している。まさにスポーツがその具体例だろう。多木は、次のように述べている。「かりに権力が文化とはっきり異なるものだとしても、この権力はあらゆる文化のあらゆる現象のなかに浸みこみ、むしろそれ自体としては現れることなく、文化として現象しているなにか得体が知れないものではないかと思わせる経験をしているからだろう。したがってそう呼ぶのがはたして正確な呼び方であるかどうかはともかく、どんな文化にもこの力の関係を抽出する「政治学」がありうると考えるのは不当ではあるまい。ところがこうした問題に立ち向かうとき、私たちはいまだにともすればある思考の枠にとらわれがちなのである。その枠とは、権力は政治的なものと考え、文化は非政治的なものと無意識に思い込むことである。したがって権力と文化とは、しばしば対立物として取り上げられ、例えば、権力と芸術との関係という主題を立てると、権力が芸術を利用するか、抑圧するか、あるいは芸術が逆に反抗するかという論理の立て方をしてしまうのである。しかしこれほど疑わしい思考はないのではないかと考える」(多木浩二「権力と文化」、宇沢弘文/河合隼雄/藤沢令夫/渡辺慧編『文化とは』〔「岩波講座 転換期における人間」第十巻〕所収、岩波書店、一九八九年、一一五—一一六ページ)
(24) ルイ・アルチュセール『再生産について——イデオロギーと国家のイデオロギー諸装置』上、西川

長夫／伊吹浩一／大中一彌／今野晃／山家歩訳（平凡社ライブラリー）、平凡社、二〇一〇年
(25) 西川長夫「訳者解説」、同書所収、二五二ページ
(26) 前掲『再生産について』三二ページ
(27) 同書三二ページ
(28) 同書七一ページ
(29) 前掲「訳者解説」二五六ページ
(30) 前掲『監獄の誕生』一八二ページ
(31) フーコーは、「行為のどんなに小さい部分をも処罰可能にする、と同時に、規律・訓練の装置の有する一見些細な要素にも処罰機能を付与する、それら両面が重要」であり、「不適合なものという明確ではない領域が処罰可能とされる」と述べている。同書一八二ページ
(32) 前掲『権力の心的な生』九四ページ
(33) 同書九四ページ
(34) フリードリヒ・ニーチェ「道徳の系譜」秋山英夫訳、『ニーチェ全集』第二期第三巻、白水社、一九八三年、一〇一ページ
(35) 前掲『権力の心的な生』九二ページ
(36) 同書一六ページ
(37) 同書一八ページ
(38) 同書六九—七〇ページ
(39) ホルクハイマー／アドルノ『啓蒙の弁証法——哲学的断想』徳永恂訳（岩波文庫）、岩波書店、二〇〇七年、六七—一二三ページ

(40)ホメロス『オデュッセイア』上、松平千秋訳(岩波文庫)、岩波書店、一九九四年、三一三ページ
(41)上野成利『暴力』(思考のフロンティア)、岩波書店、二〇〇六年、七九―八〇ページ
(42)前掲『啓蒙の弁証法』四一―五〇ページ
(43)同書四一―五〇ページ
(44)他者、自己保存、暴力の関係について上野は次のように述べている。「まず暴力の第一の層は、ホッブズの議論にもみられるように、人間の「自己保存」に基づいている。自己保存こそが人間の第一原理なのであり、したがってみずからの自己保存にとって妨げとなる他者にたいして暴力を行使するのは避けられない」(同書八九ページ)
(45)坂本は、「体育教師らしさ」という身体文化の具体的・典型的な例として体罰を取り上げ、現象学的身体論の立場から、体育教師がどのように体罰という「体育教師らしさ」を獲得するのかについて、その過程を究明している。では、なぜ体育教師は体罰という身体文化を獲得していくのか。坂本はその点については言及していないが、それは、ほかならぬ体育教師になるということだからだと考えることができる。つまり、暴力行為を含めたどのような行為であれ、それをおこなうことは、その行為をおこなうことで、その行為が象徴するところの社会的存在を生きることを意味するのである。体罰という行為に対し、体育教師らしさやスポーツ指導者らしさというイメージを抱く私たちの状況が、体罰による自己獲得ということを可能にしているのではないか、ということである。こうした問題については、坂本のこの研究成果から影響・示唆を受けたものである。以下を参照。坂本拓弥「「体育教師らしさ」を担う身体文化の形成過程――体育教師の身体論序説」「体育学研究」第五十八巻第二号、日本体育学会、二〇一三年、五〇五―五二一ページ

第3章　指導者―選手関係の暴力性

本章では、精神分析学の始祖であるフロイト[1]の集団心理学に関する議論を参照し、スポーツ集団で体罰が温存される心的メカニズムを明らかにすることで、指導者―選手関係の暴力性に迫っていく。フロイトへの言及や「欲動」（あるいはリビドー）という概念を活用している点で前章との類似性があるが、本章で問題にするのはスポーツの権力性・暴力性そのものではなく、スポーツ集団の集団性に内在する暴力性である。

1　フロイトの集団心理学への着目

これまでの体罰論は、そのほとんどが否定論か、あるいは体罰根絶を目指した解決志向論だった。[2]たしかに体罰は解決されるべき問題ではあるが、はたして解決しうる問題なのだろうか。

今村は、「暴力はすぐれて人間的現象であり、人と人との関係に内在し、つまるところ社会的現象にほかならない(3)」という。この今村の視座からすれば、スポーツ集団内で体罰が発生することはきわめて自然なことであり、むしろ体罰の根絶を叫んでいる者たちのほうが、彼の目には見当違いに映るのかもしれない。しかし今村としても、暴力の発生に対してただ傍観すればいいと考えているのではない。彼が「暴力は人間的・社会的現象にほかならない」というとき、私たちはまず暴力の発動メカニズムに目を向け、その現場をできるだけ対象化する努力をするべきだと強調しているのである。

だが、この今村の提案に従って暴力の発動メカニズムを明らかにしようと試みようものならば、私たちは瞬く間に、「人はなぜ暴力を振るうのか」あるいは「暴力とは何か」という巨大な問いへと引きずり込まれてしまう。そのような仕事は本書だけでなされうるようなものではない。ここでは今村の提案に賛同し、その態度を学ぶにとどめておこう。今村がいうように、暴力が人間関係のなかに必然的に組み込まれている(4)のならば、体罰を根絶することなどできない。体罰が根絶されることは、原理的にいって人間関係が失われることを意味してしまうのである。逆にいえば、どんな暴力的な現象であっても、それを現象させるような人間関係の状況（つまり暴力性）が根底にあるのである。いっさいの人間関係が絶たれているところでは暴力などありえない。この意味で、暴力とは優れて人間的な行為だといえるのである。

しかしこれまでの体罰言説で、体罰の発生やそれに関わるスポーツ集団の状況は、ある種の異常事態として語られがちだった。異常事態だから問題視され、解決しなければならないものとして見なされてきたのである。なるほどたしかに体罰が深刻な問題だとしても、事後的にその異常さを指摘してみたところで、その指摘は過ぎ去った現実に異常というレッテルを貼っているにすぎないのではないだろうか。だが、いうまでもなく、正常と異常との境界など必ずしも明瞭なものではない。「暴力に直面することを避けたいのは人情かもしれないが」(5)、スポーツ集団で体罰が温存されるということは、日常の指導者―選手関係のなかに体罰の温存を可能にするような契機が内在していると考えてみなければならない。むしろそう考えなければ、体罰が温存される現実はありえないだろう。本章では、体罰の温存という事態を何らかの異常事態として捉えるのではなく、スポーツ集団内の日常的な人間関係の延長線上で起きている事態と見なす。ここでは、そのような立場から体罰が温存されるメカニズムを明らかにすることを通して、指導者―選手関係の暴力性を探求してみよう。

そのためには、スポーツ集団がどのような人間関係で成立しているのかをまずは理解しなければならない(6)。そこで有益な手がかりを与えてくれるのが、フロイトの「集団心理学と自我の分析」(7)(以下、「集団心理」と略記)という論文である。これは、フロイトが「人間の社会、集団を形成し、維持する動因になる心理過程とはいかなるものなのか」(8)を問うたものである。その際、フロイトは、リビドーという彼の個人心理学上の概念を集団心理学に応用してみせる。すなわちフロイトによれば、集団は成員から指導者に対する「ほれこみ」と成員同士の「同一視」というリビドー的結合によって形成・維持されているという。この論文について小此木啓吾は、「精神分析の枠組みをこえて、広く、集団心理学に関する社会―心理学的解明として、そしてまた精神分析的な社会・心理学的研究の端緒をなすもの」[9]と評しているが、むしろこの論文は、集団の形成・維持に関わる人間（自我）の様相を描き出している点で、単に心理学的研究であることを超え、優れて社会哲学的なものだといえるだろう。

フロイトの議論でさらに注目すべき論点は、集団を形成する指導者と成員の人間関係の延長線上に、成員の自我が指導者の自我によって食いつぶされてしまう様相までをも描き出している点である。具体的な考察は後述するが、成員から指導者へと向かうリビドー的な結合は「ほれこみ」と名づけられ、「ほれこみ」が「理想化」へと高進すれば、成員が指導者の性質に対して無批判になってしまい、結果的に成員の自我が破壊されるという。指導者の性質への無批判と自我の崩壊。この点に、選手たちが体罰を受容する契機を察知することができるだろう。フロイトの理論はその後、様々な内容で批判・展開されてはいるが、[10]「集団心理」で展開されている彼の議論は、スポーツ集団を形成している指導者―選手関係の暴力性をあぶり出すものである。

2　従来の研究への不満

スポーツ集団内で体罰が温存される要因については、これまでに様々な説明がなされている。ここでは、前章でも取り上げた坂本の研究を、本章の問題関心に沿って再度、検討してみたい。[11]彼の議論を簡単におさらいしておこう。

坂本はスポーツ集団のなかでも特に運動部活動を対象にし、運動部活動での体罰の継続性に着目して、その継続性を身体性という視座から捉えることの重要性を主張していた。彼によれば、体罰の温存（坂本は「継続性」という）は生徒が指導者に対するときの「模倣」、とりわけ「威光模倣」という身体的な関わり方によるという。そして生徒のそのような身体性は運動部活動の「ハビトゥス」に拘束されていて、そのために体罰は、いわば「伝承知」として継続されてきた。短絡的な是非論が繰り返されがちな状況に対して、体罰が運動部活動のいわば文化になっているという坂本の指摘は重要なものである。そこには本章と同様に、体罰の温存が可能になるような人間関係の状況への問題意識があるだろう。

しかしながら坂本の議論のなかでは、「威光模倣」にみられるような生徒から指導者への身体的な関わりがなぜ起こるのかということが説明されていない。指導者から生徒への身体的な関わりについても、「ハビトゥス」という概念を用いることで不問に付されてしまっている。坂本の議論は、体罰が継続するという事態を「模倣」や「ハビトゥス」という概念になぞって記述しているにすぎず、やや大味な説明に終わってしまっているところがある。本章では、そのようにして体罰が温存されるメカニズムこそを探求していきたいのである。

また、体罰の温存に関する研究のひとつの大きな潮流として、日本的な集団特性の視点からの説明がある。[12]

例えば阿江美恵子は、指導者の暴力的行為が日本のスポーツ集団で温存される原因について、野崎武司と植村典昭の研究を引き合いに出しながら、「指導者は家父長的な権威を持ち成員はそれに逆らえない状況にある」[13]と指摘している。阿江がこのように主張するときに依拠しているのは、日本のスポーツ集団内の「家の論理」という視点である。野崎は「家の論理」について、それは「単なるfamilyを意味するものではなく、家長によって統率される統治体を意味する」[14]としている。このような視点は、スポーツ集団を一種の村社会と捉える溝口紀子の見解にもつながるものだろう。溝口は「部活ムラ」という概念を用い、運動部活動の閉鎖性のなかにムラ社会的な状況をみている。そして、それを解消していくことが体罰問題の解決につながるとしている。[15]

「家」や「ムラ」という言葉は、集団内部の成員同士のつながりを重視するような閉鎖的な集団のあり方について指摘するものだと考えられる。そのような日本的な集団特性がスポーツ集団にもみられるということをこれらの先行研究は指摘しているのだが、ここでもう一つ、日本的な集団特性を表現する「和」という言葉が思い起こされる。西山は「和」と体罰に関して、「日本のスポーツ界では、個人が競技に参加するために組織があるのではなく、「和」を保って組織を維持すること自体が自己目的化[16]」していて、「日本のスポーツ界のこうした集団主義が体罰を根絶できない一因ではないか[17]」と述べている。

日本的な集団特性という視点に基づくこれらの説明やそこに宿っている批判的な論調の根底には、諸外国と比べたときに日本で体罰が根強く残っているのはなぜかという研究者の問題意識があるのだろう。[18]日本の現状に鑑みるならば、そのような説明にも一定程度の妥当性があると考えることができるのかもしれない。

しかし、もし仮にそうだとしても、なぜそのような日本のスポーツ集団の性質が体罰の温存につながるのかという点を明らかにしなければならないだろう。さらには、「体罰が根絶されないのは日本的な集団特性が原因だ」といってしまえば、論理的に考えたとき、体罰問題を解決するためには「日本的な集団特性をなくす＝日本をなくす、あるいは日本ではスポーツ指導をしない」という結論が導き出されてしまいかねないだろう。もちろん、諸外国のスポーツ指導に学び、それを意識しながら実践することは十分にありうるし、すでになされてもいるだろう。しかし、にもかかわらずいまもなお暴力は起きている。どれほど外国を意識したとしても、そのことによって、ただちに日本の集団の特性や、その基盤にある日本文化が組み替わるということではないし、日本の特性の問題性を指摘するならば、むしろ、海外の実践や取り組みを日本でいかに活用するかを考え出しておくべきである。

　いずれにせよ、ここで注意を促しておきたいことは、「日本的」というその視点がそのまま結論としてあらかじめ準備されてしまっているようにみえてしまう説明や姿勢への警戒である。そのような姿勢からは、体罰が発生する人間学的なメカニズムの探求という根本的な次元への考察が開かれてこないのではないだろうか。個人と集団の二項図式のなかで展開される「個人より集団が重視されている」という説明には、集団がまるで実体であるかのように捉えられてしまっているようにさえ感じられる。集団と呼ばれる実体があり、それが劣位にある個人に体罰をおこなっているなどということは、いうまでもなく、ありえない。集団を形成している人間関係がダイナミックに捉えられなければ、現実にコミットするような議論にはならないだろう。

　つまりこれまでの研究では、日本的な視点というものがあまり有効に機能していないと指摘しておくことができる。[19]「日本的だ」という指摘にとどまってしまえば、それは体罰に限らず、日本のありとあらゆる問題をのみ込んでしまい、そのためにどんなことにもそれなりの納得感を与えてしまうような大味な説明になってしまうのである。しかしそれでは細部がみえてこず、体罰の場面をかえってブラックボックス化してしまう。この言説状況を打破し、体罰の温存という事態を支えている指導者―選手関係の暴力性を探るためには、体罰が温存される原因を日本的集団特性や集団主義などにあらかじめ求めてしまうのではなく、スポーツ集団内の人間関係それ自体のなかに求める必要があるといえる。

3 リビドー概念について

ここからは実際にフロイトの議論を参照し、彼が集団形成とそこに内在する暴力性をどのように考えていたのかをみていこう。しかしその前に、彼の議論のなかで登場するリビドーという概念について確認しておかなければならない。徳永恂が指摘しているように、フロイトのリビドー概念の意味内容は、時期によって異なっている。[20]これは、フロイトの思想を読み解くうえで重要な問題である。ここでは、「集団心理」におけるリビドー概念の意味内容を確認しておこう。

リビドーを広義に捉えるとすれば、「人間の心を根底からゆり動かし、行動に走らせている[21]」エネルギーのことであり、フロイトは「夢判断」と、それに並んで彼の代表的な論文である「性に関する三論文」でリビドーを用語として定着させている。[22]そこでは、リビドーを性愛（異性関係）との関連で使用しているが、その意味内容は「快原則の彼岸」「集団心理」を経て変化していく。[23]フロイトでは、「集団心理」のなかで、リビドーはどのような意味内容で用いられているのか。フロイトは、リビドーが「精神神経症の研究のさいに充分に役立ったものである」[24]が、「それは愛として総称されるすべてのことに関係している」[25]という。フロイトは、続けて次のように述べている。

われわれが愛と名づけているものの核心となっているのは、ふつう恋愛と呼ばれるもの、詩人が歌い上げるもの、つまり性的な結合を目標とする性愛であることは当然である。しかしわれわれは、ふだん愛の名を共有している別のもの、たとえば一方では自己愛、他方では両親や子供の愛情、友情、普遍的な人間愛を切り捨てはしないし、また具体的な対象や抽象的な理念への献身をも切り離しはしない。これらのすべての努力は、おなじ衝動興奮の表現である。[26]

フロイトは、リビドーが異性関係だけに関連するものではなく、非常に広い意味での愛として捉えることができるものだと述べている。[27]それはプラトン的なエロスとほとんど同義である。[28]フロイトはこの愛の力以外に人間同士を結合させるものは考えにくいとし、「われわれは愛の関係（冷やかに表現すれば、感情の結合）が集団精神の本質をなしている」[29]と表明する。「集団心理」でのリビドー概念は、人間が他者と関係を結ぼうとするある衝動のようなものとして理解していいだろう。[30]

4　集団形成における「ほれこみ」と「同一視」

フロイトはこのリビドー概念を用いて、集団形成のメカニズムを説明する。彼によれば、集団形成では指導者から成員に対して愛が等しくもたらされることが重要であり、指導者から愛されることで成員同士も結び付くという。フロイトはその内実を、指導者—成員間の「ほれこみ」と、成員同士の「同一視」というリビドー的結合によって説明する。

まずフロイトは、「ほれこみ」について、「直接の性的満足を目標とする、性衝動から発生する対象備給にほかならない(31)」のであり、「それは、ありふれた、感覚的な愛とよばれているところのものである(32)」と説明している。「ありふれた、感覚的な愛」とは、性別とは関係なく、誰かを好きになったり、憧れたりするときの衝動のことだといえるだろう。そして、「対象が愛されるのは、自分の自我のために獲得しようとつとめた完全さのためであって、この迂り路をへて自分から自己愛への満足のために、この完全さを得たいと願って(33)」いるからである。

フロイトが提示する「ほれこみ」という概念は、具体的には選手の指導者への憧れや尊敬の念と見なすことができるだろう。スポーツ集団に所属している選手は、ほとんどの場合そのスポーツを愛好していて、スキルを高めたい、つまり「うまくなりたい」と思っている。そのために競技実績や指導実績の優秀な指導者という存在は、憧れの存在、尊敬する存在になり、選手は指導者を「自我理想」として措定するのである。

「ほれこみ」に対し、フロイトは成員間のリビドー的結合を「同一視」と名づけている。「同一視」とは「「手本」Vorbild とみなされた他我に似せて自我を形成しようと努力している[34]」ような心的機制のことであり、これは「一人の自我が、他人の自我にある点で重要な類似をみつけたとき、私たちの例でいえば、同様な感情を用意している点で意味ふかい類似をみとめたとき[35]」に形成されるという。スポーツ集団内の「重要な類似」「意味ふかい類似」には、右で確認した「ほれこみ」としての指導者への尊敬の念を挙げることができる。同じ対象を尊敬・崇拝している個人が集まる集団が固く結び付けられるという事態は、経験的にも首肯されるものだろう。スポーツ集団でも、競技実績・指導実績がある指導者に導かれまとめあげられていく選手が多いことはよく理解される。つまり、集団は「同一の対象を自我理想とし、その結果おたがいの自我で同一視し合う個人の集まり[36]」だとフロイトが述べるように、スポーツ集団は「ほれこみ」によって指導者を自我理想とした選手同士が「同一視」し合うことでその集団性を構築しているといえる。

5 「ほれこみ」から「理想化」へ

では、フロイトの議論を受けて、スポーツ集団内での体罰の温存についてどのような説明ができるだろうか。体罰は指導者—選手関係で発生しているのだから、「ほれこみ」と体罰との関連性を考えてみることができる。

さて、「ほれこみ」のなかで、その対象が愛されるのは、自分の自我のために獲得しようとした完全さのためであり、「完全さ」とは、指導者への憧れや尊敬にあたると考えられた。憧れや尊敬それ自体は人間が抱くごく自然な心情のひとつではあるだろうが、フロイトは「ほれこみ」の悪魔的な作用を描き出している。フロイトは次のように述べている。

> ほれこみの現象の中で、最初からわれわれの注意をひいたのは性的な過大評価という現象である。つまりそれは、愛の対象にたいしてある程度批判力を失ってしまって、その対象のすべての性質を、愛していない人物やあるいはその対象を愛していなかった時期に比べて、より高く評価するという事実である。[37]

フロイトによれば、この場合に判断を誤らせるものは「理想化（Idealisierung）」という努力だという。つまり、「〔ほれこみの：引用者注〕対象は自分が到達できない自我理想の代役をしていること」[38]さえあり、「ほれこみ」の状態では、（ほれこみの）対象が自分の自我と同じように扱われているため、自己愛的リビドーが大量に対象に注がれてしまうのである。[39]

このような事態は、スポーツ集団で指導者の体罰に違和感を抱きながらも、そのことを決定的に批判しない、あるいは批判できない選手の姿や、さらには指導者からの体罰を肯定的に受け止めている選手たちの心的機制として捉えることができるだろう。つまり、「ほれこみ」の対象としての指導者は「理想化」されてしまっていて、体罰を行使するような指導者の暴力的な性質までもが批判されなくなってしまうのである。

しかし、「理想化」の影響はここで収まるものではない。「理想化」がさらに高進すると、成員（ここでは選手）の自我はどうなっていくのか。フロイトは次のように述べている。

それは、たとえば若者の熱狂的な愛にいつも見られるものである。そして、自我はますます無欲で、つつましくなり、対象はますます立派に、高貴なものになる。最後には、対象は自我の自己愛のすべてを所有するようになり、その結果自我の自己犠牲が、当然の結果として起こってくる。いわば対象が自我を食いつくしたのである。[40]

フロイトは、自我と対象とのリビドー的関係がこの域にまで達すると、謙遜や自己損傷などの「ほれこみ」の特徴が強められるともしている。[41] 謙遜や自己損傷の要因についてフロイトは明確な根拠を示してはいないが、それは、おそらく、「理想化」によって自我理想があまりにも肥大してしまう、つまり「理想化」の状態では、自我理想に対して過剰にリビドーが供給されることになり、必然的・相対的に自我へのリビドー備給が減少してしまうからだと考えられるだろう。

フロイトによれば、「理想化」のレベルでは「批判は沈黙し、対象がなすこと欲することは、すべて正当で非難の余地がないものになる」[42]という。こうして「理想化」が進むと、体罰を行使される選手は苦しみながらも異を唱える能力が剥奪されてしまっていて、むしろ、指導者からの体罰に対して自我を献身することになるだろう。選手たちはまた、指導者へのリビドー的結合だけでなく、「同一視」によって結ばれた選手同士のリビドー的結合にも拘束されている。もし体罰に耐えている仲間がいれば、自我はそれを他我の特性として（つまり「そうやってこの場では振る舞うべきなんだな」と捉え）取り入れることになるだろう。(43) 体罰を受けている選手は、こうしたリビドーの縦横の関係に束縛され、最終的に彼の自我は食いつぶされてしまうのである。自我が食いつぶされるということは、その選手（人間）が自己保存の能力を喪失してしまうことを意味している。(44)

では、自己保存の能力を失った選手に体罰が行使されることは、具体的には何を意味しているのだろうか。

例えば、選手に何らかの欠点を見つけたとき、「もっと頑張れ」、あるいは、叱咤激励の意味で「おまえなんかいらない」などという言葉とともに指導者は体罰をおこなうだろう。しかし、いまこの選手は指導者への批判能力を失っているのだから、その体罰の意味を批判的に捉え直すことができない。例えば、「自分のことを思って殴ってくれているのだ」といった具合の機知をはたらかせることができなくなっているのである。したがって、自我が食いつぶされてしまった選手に対する指導者の暴力的な振る舞いは選手のなかに抑鬱的な気分を引き起こしたり、(45) 究極的には、その選手を自死に至らせたりする可能性まであると考えることができる。

6　体罰をおこなう心性

一方、体罰をおこなう側の指導者にはどのような心性があると考えられるのだろうか。

フロイトは、集団形成に際して、自己愛からくる人間の攻撃性は弱体化すると述べている。[46] 自己愛を抑止しなければ他者とつながることができないからである。しかし、フロイトのこの指摘は、指導者以外の成員について指摘したものである。指導者の攻撃性の表出である体罰について考えるならば、指導者のリビドーの動きについて考えなければならない。

指導者は、一般的にいって「いい指導者」であろうとするだろう。そのとき、彼／彼女がイメージしている「いい指導者」像は彼／彼女の自我理想だと言い換えることができる。しかし、指導者が彼／彼女の自我理想を思い描くとき、選手との関係を無視できない。選手たちに「ほれこまれる」ことがなければ、その自我理想は無意味だからである。当然のことながら、敬意を払われていない指導者を「いい指導者」として想定することはできない。選手たちに「ほれこまれ」てこそ「いい指導者」なのである。

こうして指導者が自身で定立した自我理想は、選手たちからの「ほれこみ」を受け入れて膨れ上がっていかざるをえない。膨れ上がった自我理想は、バランスを崩さないよう、どんな些細な危機からも守られなければならない。指導の行き詰まりや成績不振などは自我理想への批判である。このとき指導者は体罰をおこない、選手たちの自我を痛めつける。それは、彼らの自我をより一層つつましいものにすることで、選手たちからの「ほれこみ」を維持するための技法なのである。「ほれこみ」が指導者としての自己を証明し、保存し、集団を維持してくれるかぎり、彼／彼女は膨れ上がった自我理想を守り、そのなかで生きなければならないのだ。体罰を繰り返す指導者は、選手ではなく自我理想を愛してしまったのである。

注

(1) フロイトが精神分析(学)を立ち上げたのは無意識の発見によるところが大きいといえるだろうが、しかしフロイト以前にも、無意識という言葉を用いる学者はいた。取り急ぎ名前を挙げるとするならば、アンリ・エレンベルガーやカール・ロバート・エドゥアルト・フォン・ハルトマンといった人々になるだろう。では、彼らとフロイトとの違いは何だったのか。これについては、次の山竹伸二の指摘をみておけばいいだろう。「フロイトの登場以前に無意識の存在は既に信じられていたが、それは単に潜在的な観念として思い描かれていた。しかし、フロイトが神経症の症状、失錯行為、夢といった、無意識を確信させる現象のなかに見出したのは、無意識の欲望は単に潜在的なだけでなく、その欲望を実現しようとして、意識に現れようとして、活発に活動しているということだ。こうした無意識の性格を彼は「力動性」と呼んでいる。(略)こうしてフロイトは、潜在的なまま強くはたらき続けている観念、それでいて思い出そうとしても思い出せない観念を「無意識」と呼ぶようになった。そして、それまで無意識と呼ばれていた単に潜在的な観念、注意を向ければすぐに思い出せるような観念は「前意識」と名づけ、「意識」「前意識」「無意識」の三つの領域からなる心のモデル（第一局所論）を作り上げた」（竹田青嗣／山竹伸二『フロイト思想を読む――無意識の哲学』〔ＮＨＫブックス〕、日本放送出版協会、二〇〇八年、一〇七ページ）。また、無意識の思想史を詳細に描いたものとして、互盛央の研究を挙げておくべきだろう。互は無意識の系譜についての興味深いストーリーを描いている。互盛央『エスの系譜――沈黙の西洋思想史』講談社、二〇一〇年

（2）これまで体罰に関しては多くの研究がなされてきていて、ここでそのすべてについて批判・検討することはできないが、全体的な傾向としてはこのようにいうことができるだろう。また、体育・スポーツの関連団体の次のような動向も紹介しておこう。例えば、二〇一三年四月二十五日には、日本体育協会、日本オリンピック委員会、日本障害者スポーツ協会、全国高等学校体育連盟、日本中学校体育連盟の五団体が開催した「スポーツ界における暴力行為根絶に向けた集い」で、「暴力行為根絶宣言」が採択された。宣言の全文は以下を参照。「日本オリンピック委員会」(http://www.joc.or.jp)［二〇一九年十月二十九日アクセス］。また、文部科学省は「運動部活動の在り方に関する調査研究協力者会議」を設置し、一三年五月二十七日に「運動部活動での指導のガイドライン」を含めた報告書をまとめた。以下を参照。文部科学省「運動部活動での指導のガイドライン」(http://www.mext.go.jp/a_menu/sports/jyujitsu/1335529.htm)［二〇一九年十月二十九日アクセス］。スポーツ庁も、一九年三月十九日付で、「運動部活動の在り方に関する総合的なガイドライン」を公表している。以下を参照。スポーツ庁「運動部活動の在り方に関する総合的なガイドライン」(http://www.mext.go.jp/sports/b_menu/shingi/013_index/toushin/__icsFiles/afieldfile/2018/03/19/1402624_1.pdf)［二〇一九年十月二十九日アクセス］

（3）前掲『暴力のオントロギー』二一一ページ

（４）前掲『現代思想を読む事典』五六五ページ
（５）同書五六四ページ
（６）スポーツ集団がどのような人間関係の構造をもっているのかという点については、久保正秋の一連の論考を先行研究として挙げることができる。久保は、スポーツ集団のなかでも特に運動部活動を対象にし、サルトルの集団論に依拠しながら、そのなかの人間関係がどのように形成されているのかを明らかにしている。しかし、久保の議論では指導者の存在を全く考慮していないため、体罰について考える際には適切な論考であるとはいえない。以下を参照。久保正秋「運動部集団の原理的考察３——サルトルの集団論からみた運動部集団の構造１」、東海大学体育学部編「東海大学紀要体育学部」第十八号、東海大学体育学部、一九八八年、一—七ページ、同「運動部集団の原理的考察４——サルトルの集団論からみた運動部集団の構造２」、東海大学体育学部編「東海大学紀要体育学部」第十九号、東海大学体育学部、一九八九年、一—一〇ページ
（７）フロイト「集団心理学と自我の分析」小此木啓吾訳、『自我論・不安本能論』井村恒郎ほか訳（「フロイト著作集」第六巻）、人文書院、一九七〇年、一九五—二五三ページ
（８）小此木啓吾編『フロイト』（講談社学術文庫）、講談社、一九八九年、三二五ページ
（９）小此木啓吾「訳者解説」、前掲『自我論・不安本能論』所収、四四五ページ
（10）フロイトの集団心理学は、多くの研究者が参照している。そのすべてを挙げることはもちろんできないが、本書の執筆のために特に参考にしたものは、以下である。T・W・アドルノ『社会学講義』河原理／太寿堂真／高安啓介／細見和之訳、作品社、二〇〇一年、松本卓也「集団の病理から考える社会的紐帯——フロイトとラカンの集団心理学」、松本卓也／山本圭編著『〈つながり〉の現代思想——社会的紐帯をめぐる哲学・政治・精神分析』所収、明石書店、二〇一八年、四五—七四ページ

(11) 前掲「運動部活動における身体性」六三―七三ページ

(12) ほかにも、次のようなものが挙げられる。川辺光「学校運動部集団の日本的特質」、体育社会学研究会編『体育とスポーツ集団の社会学』（体育社会学研究）所収、道和書院、一九七四年、六一―八二ページ、小谷寛二「スポーツ集団の日本的価値の再検討――今、求められる指導とは」、三好喬／團琢磨／荒井貞光編著『スポーツ集団と選手づくりの社会学』所収、道和書院、一九八八年、一五五―一七二ページ

(13) 阿江美恵子「運動部指導者の暴力的行動の影響――社会的影響過程の視点から」「体育学研究」第四十五巻第一号、日本体育学会、二〇〇〇年、九〇ページ

(14) 野崎武司／植村典昭「日本的スポーツ集団研究の現状と課題」、香川大学教育学部編「香川大学教育学部研究報告 第一部」第八十八号、香川大学教育学部、一九九三年、八ページ

(15) 森川貞夫／中塚義実／溝口紀子「座談会 体罰・暴力問題の本質を問う」、前掲「体育科教育」二〇一三年十一月号、二五ページ

(16) 前掲「体罰容認論を支えるものを日本の身体文化から考える」五五ページ

(17) 同論文五五ページ

(18) だが、諸外国では日本よりも体罰が少ないかどうかというその実態については、本当のところは当事者以外にはわからない。統計に暗数があるということは周知の事実だし、日本国内であっても、体罰を受けたことがある人とない人がいるだろう。実際に諸外国で生活をしたことがない場合には、「諸外国では体罰は少ない」などと簡単にいうことはできない。海外にも、体罰をどうやって解決するべきなのかという研究が存在している。例えば以下のような論文が挙げられる。James O. Rust and Karen Q. Kinnard, “Personality Characteristics of the Users of Corporal Punishment in the

Schools," *Journal of School Psychology*, Vol.21, Issue2, 1983, pp. 91-105, Daniel H. Robinson, Daniel C. Funk, Alicia Beth and Angela M. Bush, "Changing Beliefs About Corporal Punishment: Increasing Knowledge About Ineffectiveness to Build More Consistent Moral and Informational Beliefs," *Journal of Behavioral Education*, Vol. 14, No.2, 2005, pp. 117–139. なお、これらの論文の収集には、福留広大（福山大学）の助力を受けたことを記しておかなければならない。福留は、自尊感情が自己のありようにどういう影響を及ぼしうるのかを研究している。彼の研究には、自己愛と暴力の関係という問題が射程に入っていて、筆者の研究に対して多くの助言をいただいた。この場を借りて、彼への感謝を表しておきたい。

（19）ここでは、あくまでも先行研究のなかにみられる具体的な問題について批判しているにすぎないのであり、日本的な暴力の風土の特性という論点そのものを否定しているわけでは全くない。むしろ、その点に関する研究がなされるべきだと考えている。その一環として筆者は、二〇一六年の国際スポーツ哲学会（International Association for the Philosophy of Sport）の年次大会で、"The Nature of Sports Groups in Japan: or its Relation to Violent Phenomena" と題する口頭発表をおこなった。この発表では、土居健郎の『「甘え」の構造』（弘文堂、一九七一年）を参照しながら、指導者が暴力的な行為をおこなうことや、それを受け入れてしまう選手の心性の日本的な特性を検討した。この内容は、間もなく発行される「学習開発学研究」第十二号（広島大学大学院教育学研究科学習開発学講座、二〇一九年）に同名論文として掲載された。

（20）徳永恂「リビドー」、廣松渉／子安宣邦／三島憲一／宮本久雄／佐々木力／野家啓一／末木文美士編『岩波哲学・思想事典』所収、岩波書店、一九九八年、一六八五ページ

（21）鈴村金彌『フロイト』（CenturyBooks——人と思想）、清水書院、一九六六年、九五ページ

（22）前掲『岩波哲学・思想事典』一六八五ページ。なお、「性に関する三論文」の内容については、以下に詳しい。小此木啓吾編、前掲『フロイト』二七三―二九三ページ
（23）前掲『岩波哲学・思想事典』一六八五ページ
（24）前掲『自我論・不安本能論』二一一ページ
（25）同書二一二ページ
（26）同書二一二ページ
（27）別の箇所でフロイトは次のように述べている。「その愛とは、女性に対する性愛（女性に好ましいものを大事にする、というような付随的なことがらもふくめて）であり、また共通の仕事にむすばれている他の男性に対する、非性化され desexualisierte 昇華された同性愛でもある」（同書二二一ページ）
（28）フロイトは、次のように述べている。「哲学者プラトンの「エロス」Eros は、その由来や作用や性愛との関係の点で精神分析でいう愛の力、すなわちリビドーと完全に一致している」（同書二一二ページ）
（29）同書二一三ページ
（30）フロイトは別の箇所で「性的衝動」という言葉を用いているが、「集団心理」のリビドー概念は、私たちが日常的に慣れ親しんでいる性愛（異性関係）とは異なるニュアンスで用いているため、ここでは混乱を避けるために単に「衝動」とした。「別の箇所」については、同書二一一ページを参照。
（31）同書二二七ページ。なお、この引用文が意味するところについては補足説明が必要だろう。まず、「性的満足」とは、リビドーが適切に備給されている状態のことを指す。永松優一によれば、（対象）備給とは、「経済論的見地に基づく概念で、一定量の心的エネルギーの何かに向けて充当すること」

であり、「情動およびその派生物が、内的対象、外的対象、自己やその身体などに向けられたり撤去されたりすることを、エネルギーの消費と節約という観点から把握するための概念」である(永松優一「備給」、北山修編集代表、松木邦裕/藤山直樹/福本修編、西園昌久監修『現代フロイト読本』第二巻所収、みすず書房、二〇〇八年、一ページ)。では、なぜ、リビドーが対象(ここでは、指導者)に向けられることになるのか。それは、フロイトがほかの箇所で述べているように、集団の形成にあたっては、自己愛(自己へのリビドー備給)が制限されることによって、抑圧されたリビドーが何らかの対象へと向かわざるをえないからである。フロイトは、そのようにしてリビドーが対象に向けられることで人間同士の結び付きが生まれると考えたのである。このように、集団における個人のリビドーは「直接」にではなく「間接」に備給されているのであり、「直接の」とフロイトが述べているのは、リビドー備給のこの間接性を強調したかったからだと考えることができる。実際にフロイトも、リビドーの状態が単純であることはまれだと述べている。詳しくは以下を参照。同書二二一―二二七ページ

(32)同書二二七ページ
(33)同書二二八ページ
(34)同書二二三ページ
(35)同書二二四ページ
(36)同書二三一ページ
(37)同書二二八ページ
(38)同書二二八ページ
(39)奥寺崇が説明するように、フロイトは「集団心理」より先の「ナルシズム入門」で、「自我はリビ

ドーの貯蔵庫であり、主体自身に向かう自我リビドーと対象リビドーとに分かれるものの、総量は変わらない（エネルギーの均衡）と考えていた」（奥寺崇「自我リビドー／対象リビドー」、前掲『現代フロイト読本』第二巻所収、xxxiページ）。このことから、自我は、自己愛リビドーと対象リビドーとの均衡によって保たれていると考えるべきなのだが、「ほれこみ」の状態では自己愛的リビドーが大量に対象に注がれてしまう。というのは、その均衡が、「ほれこみ」「理想化」によって崩されてしまっているからだといえる。

（40）前掲『自我論・不安本能論』二二八ページ

（41）同書二二八ページ

（42）同書二二九ページ

（43）同書二二九ページ

（44）安藤泰至「欲動論という名の神話――フロイト的人間論の縮図」、藤田正勝／松丸壽雄編『欲望・身体・生命――人間とは何か』所収、昭和堂、一九九八年、四〇ページ

（45）こうした考察を後押しするように、フロイトの議論はメランコリーへと展開していく。なお、加筆修正を施す前の本章の内容は、日本体育学会（第六十四回大会）で発表したものである。発表後の質疑応答の際、フロアから「「ほれこみ」という心理機制があるのに、なぜ柔道女子日本代表の選手たちは告発したのか」という趣旨の質問・反論があったが、それは「ほれこみ」という言葉の語感にとらわれて、選手の微妙な心的状態を理解していないものだった。その集団から離れたことで「ほれこみ」が解除されたということは容易に想像がつくのではないだろうか。

（46）前掲『自我論・不安本能論』二二〇ページ

第4章　選手間関係の暴力性

1　事後的に騒ぐのをやめろ

第八十七回全国高等学校野球選手権大会（二〇〇五年八月六日―二十日）で二連覇を果たした駒澤大学附属苫小牧高等学校野球部は、大会後、部内での暴力行為が発覚し、そのことを理由に優勝報告会を中止した(1)。また、この大会に出場予定だった明徳義塾高等学校も部員間の暴力行為を理由に開幕直前に出場を辞退している(2)。

これらのことを受けて「体育科教育」は「日本のスポーツが危ない！」と題する特集を組み、スポーツライターや研究者たちの発言を掲載している(3)。同誌がそのような特集を組んだということから、当時、選手間暴力が社会的レベルで問題視されていたことが推測できる。しかしそのような取り組みにもかかわらず、二〇一三年にはＰＬ学園高等学校の野球部内での暴力行為が発覚し、日本学生野球協会は同校に六カ月の対外試合禁止処分を通達するという問題が発生している[4]。さらに一五年三月三日には、相良高等学校野球部をはじめ複数の高校野球部が、部員間の暴力を理由に六カ月の対外試合禁止処分を受けたことが報じられている[5]。

スポーツ集団内の選手間暴力はこれまで繰り返されてきている。しかしいまのところ、選手間暴力は体罰問題ほどは騒がれてはいない。なぜだろうか。メディアがさほど取り上げていないからだろうか。しかし体罰問題という危機を経験した私たちは、事後的に「問題が起きたぞ」と騒ぎ立ててばかりいるような姿勢を改めなければならない。谷が指摘しているように、私たちは暴力現象を現象させる「媒介」であるにもかかわらず、暴力がおのれの現前に現象するまでそのことにたいてい気づいておらず、暴力が現象したあとでその暴力的状況に「驚愕」するのである[6]。しかしそれでは、時すでに遅し、である。暴力は自覚的・反省的に、かつ不断に言及され研究されなければならない。事後的に騒ぎを繰り返すようなメディア的な態度では、暴力の本質は絶対にみえてこない。そして、事後的にしか暴力を研究してこなかったこれまでの姿勢を打破するために、「暴力性」という視座が重要になってくるのである。

「暴力性」とは、個別的・具体的な暴力を現象させるようなある人間的・社会的状況のことを意味している。この視座に立つとき、私たちは、人間が形成するどのような集団にも暴力性があることを認め、受け止めなければならない。しかしそれは、「人間社会は暴力にまみれていて絶望的だ」という虚無主義へと至るような認識ではなく、存在論的に暴力性というものを集団形成のなかに位置づけてみることで新たな視点や知見を獲得していこうとする立場なのである。したがってここでは、選手間暴力は何らかの病理的・反社会的な現象ではなく、スポーツ集団の人間関係のなかに必然的に内在している暴力性の現れだと考えることが必要である。では、スポーツ集団はどのような人間関係によって形成されていて、そのなかのどこに選手間暴力へとつながる暴力性が確認できるのだろうか。このことを、ここではルネ・ジラールの暴力論を手がかりにしながら考えてみよう。ジラールの暴力論は具体的な暴力現象に目を向けながらも、その発生の根源的なレベルに、「模倣的欲望」が生み出す対立的な人間関係を描き出しているからである。

2 先行研究の問題

選手間暴力についての研究は、十分な蓄積があるとはいえない状況にある。「暴力性」、あるいはそれに近い視点から論じた研究も、調べた限りでは見つけることができなかった。それでも、いくつかの先行研究を挙げておくことができる。それらの研究には、選手間暴力が日本的な人間関係と集団特性から発生しているとする説明の傾向がある。

例えば関春南は、「忠誠」「奉仕」「服従」「根性」といった日本的メンタリティーがスポーツ集団内での暴力を助長していると指摘している。[7] これは選手間暴力に関していえば、上級生と下級生の絶対的な上下関係と、不条理であってもその関係に従う下級生の従順さなどと関連している。[8] さらに山本順之によれば、そのようなメンタリティーがスポーツ集団内で醸成されたのは、スポーツの日本特殊的な歴史発展にその要因があるという。[9] そこでは、スポーツが体育（学校教育）のなかで発展してきたこと、その体育では「修養」「徳」などの精神的な面が強調されてきたことなどを指摘している。[10]

このように、選手間暴力についても体罰と同様に、「日本的」という視点からの説明がよくなされている。しかしその問題性については、前章で指摘したとおりである。そのような説明は、大味すぎてありとあらゆる日本の問題を飲み込んでしまい、そのことでそれなりの納得感を人々に与えてしまう。さらに、事後的に「日本的だ」と説明してみても、将来的に発生しうる暴力への積極的な対応に資するところはほとんどないだろう。「暴力に適切に対応するためには、まず暴力の本質を見極めなければばならない」[11]のである。そのためには、「日本的」という視点からの説明を超え、暴力性という視座から選手間暴力の基盤になっている選手間関係のありようを描き出してみなければならない。本章（そして本書の全体）が目指すのは暴力現象への事後的説明ではなく、まだ暴力が発生していないところに、いつか暴力が発生しうることにつながる芽を（つむのではなく！）見つけ出しておくことである。

3　選手間関係の基本構造

スポーツ集団は、どのような選手間関係によって成立しているのか。ここでも、まずフロイトの集団心理学に関する議論に目を向けてみよう。フロイトは、彼の個人心理学でのリビドーという概念を集団心理学に応用し、集団形成の心的メカニズムについて論じている。[12]彼によれば、集団形成では指導者から成員に対して愛が等しくもたらされることが重要であり、指導者から愛されることで成員同士も結び付くという。フロイトはそのことを、教会と軍隊をモデルにしながら次のように述べている。

両者は、それ以外では大いに異なっているけれども（略）集団の全ての個人を一様に愛する首長がいる、という幻惑（幻想）が通用している。（略）万事は、この幻想にかかっていて、これが消えるならば、外面的な強制がそれをゆるすかぎりは教会も軍隊も崩壊するであろう。この平等の愛はキリストによって明言されている。（略）民主的な様相が教会をつらぬいているのは、キリストの前では万人が平等であり、万人はひとしく愛をうけているからこそである。（略）信者たちがキリストにおける兄弟、つまり、キリストのめぐむ愛による兄弟とよび合うのには深い根拠がある。個人のキリストへのむすびつきが、彼ら相互のむすびつきの原因であることはうたがうべくもない。同様のことが軍隊にもいえる。司令官は彼の兵士をとくに愛する父親であり、それゆえに兵士はたがいに戦友である。[13]

さらにフロイトは、指導者―成員間の心的紐帯を「ほれこみ」、成員間の心的紐帯を「同一視」というリビドー的結合によって説明し、集団内の人間関係の構造を解明している。この点に関するフロイトの詳しい説明については、前章を振り返っていただくことにして、ここでは次に進もう。

4 フロイトからジラールへ

では、選手間暴力として現出する選手間関係の暴力性は、スポーツ集団の人間関係のどこに内在しているのだろうか。この問題に対しては、フロイトの「同一視」という概念が私たちにヒントを与えてくれる。

なぜ選手たちがお互いを「同一視」し合うのかといえば、同じ対象＝指導者に「ほれこみ」、さらに、その点で、お互いの重要な類似を見いだすからだった。フロイトのこの指摘は、ジラールの暴力論へと私たちを誘う。この「同一視」の構図が、ジラールの暴力論で論じられている「模倣的欲望」によって引き起こされる「三角形的欲望」という事態を想起させるからだ。そして、この「模倣的欲望」と「三角形的欲望」という観点は、選手間の暴力性を描き出すために重要な役割を果たしてくれる。

ジラールは、フロイトの思想では人間の攻撃性が本能的・生得的なものとされているが、その見方は実を結んでいないとし、[14]ジラール自身の暴力論を、諸個人の関係性のなかで展開している。[15]ジラールの暴力論のキーワードは、「模倣（ミーメーシス）」あるいは「模倣的欲望」である。田川照光は「模倣的欲望」と暴力の関係についてのジラールの議論を次のようにまとめている。

ジラールによれば、主体がある対象を欲望するのは、媒介（他者）がその対象を欲望しているためであり、対象そのものが主体にとって望ましいものだからではない。ある欲望の対象が主体に提示されているのは媒介（他者）の欲望を通してであるということは、媒介（他者）と主体とが同一の対象を欲望するということである。このために、媒介（他者）は主体にとって手本であると同時に競争者（ライバル）でもあるという二重の様相をもつことになる。[16]

同一の対象をめぐる個人間のこの「三角関係」は、同じ対象（指導者）に「ほれこみ」、さらにその点で、成員同士（選手たち）がお互いに重要な類似を見いだすというフロイトの「同一視」に関する説明と、図式的には同じである。だがしかし、時間的順序が異なっている。フロイトの説明は指導者への「ほれこみ」が先にあり、その後に「同一視」が成立するという順序になっているが、ジラールはこのフロイト的順序を認めない。その否認は、「同一視」の発想源になっているエディプス・コンプレックスへの批判に基づいている。[17]

ジラールに従うならば、選手（＝「主体」）はある選手（＝「媒介」）への「模倣的欲望」によって指導者（＝「対象」）を欲望するようになると言い換えなければならないことになる。しかし、いま、この問題はさして重要ではない。この問題は、あくまでも図式的な説明の場面での整合性の問題でしかないのであり、現実には「同一視」あるいは「模倣」がどこにその作用点をもつのか、それを確認することはほとんど不可能だからである。ジラール自身はこの点にこだわっているのだが、[18]私たち

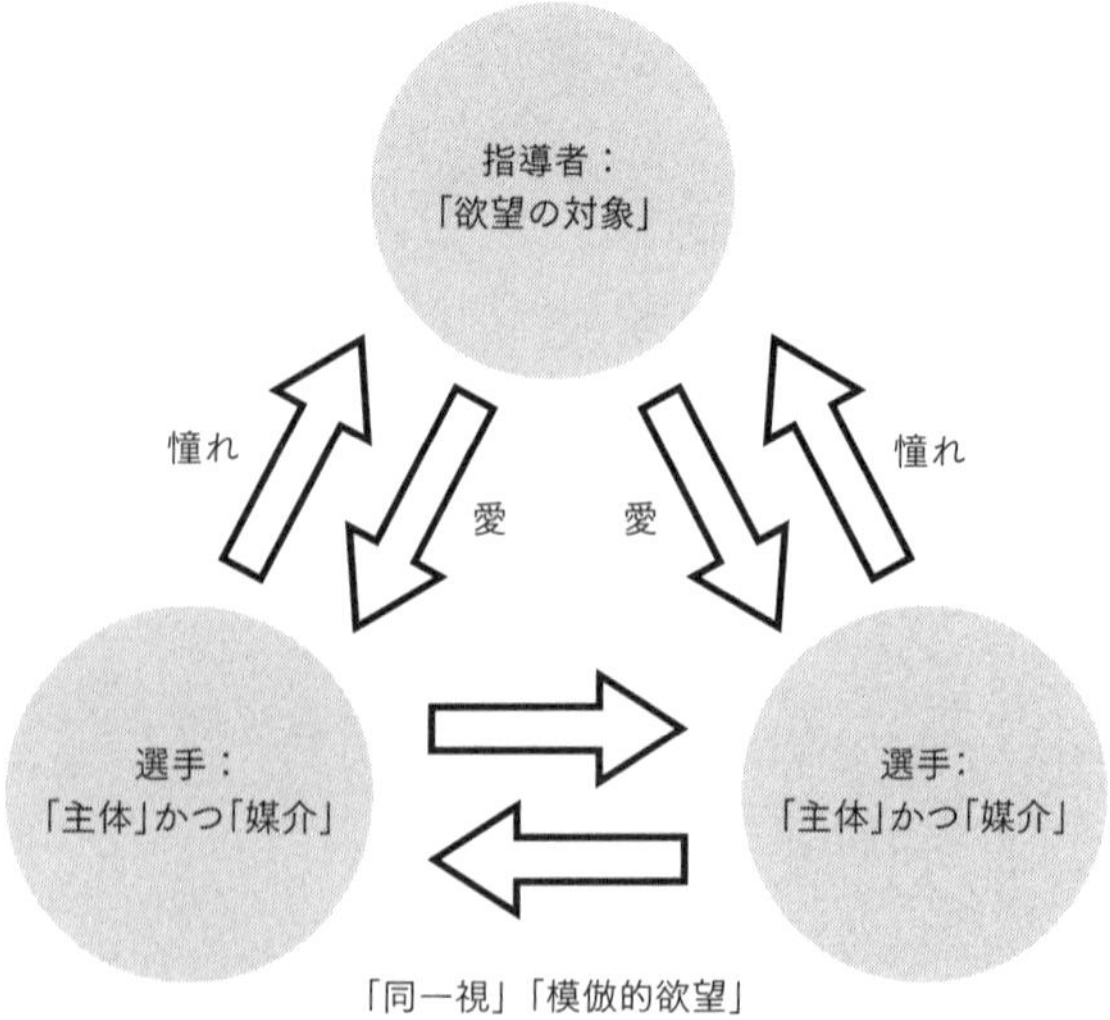

図1　スポーツ集団の人間関係の構造（筆者作成）

としては竹内芳郎が指摘しているように、フロイトのエディプス・コンプレックスも、ジラールとともに「模倣的欲望」の派生的現象として捉えておけばいいだろう[19]（図1）。むしろ私たちは、「模倣的欲望」による「三角関係」がどのように暴力性を引き起こすのか、そのメカニズムを追うことに注力しよう。

　フロイトが提起したエディプス・コンプレックスとは、子ども（男児）が、母親を所有したいという願望から、母親を所有している父親になりたいがために父親に「同一視」を起こすが、同時に、父親に取って代わりたいとも思うようになるという物語である。ジラールによれば、「同一視」のこのアンビヴァレンツな性向は「模倣的欲望」によって描き出されなければならないという。なぜなら、「模倣的欲望」が生み出す「三角形的欲望」において、「手本となる者は、それを見習う者にたいして天国にいたる門を指し示しながら、その同じ身振りそのもので、その門に入ることを禁じる[20]」からであり、これは「媒介作用が、媒体の欲望と完全に瓜二つの第二の欲望を生み出す」[21]ためである。つまり媒介（他者）は、主体に対して手本でありながらも、障害物としての役割を演じる、あるいは演じるように主体からはみえるのである[22]。

この三角関係のなかで、「この媒介（他者）は、単なる媒介ではなく、同じ対象を欲望している他者であるが故に、主体の欲望を禁じようともする。そして、主体は他者の妨害にあえばあうほど、対象は主体にとってより一層望ましいものとなる」[23]。このとき、選手と選手の間に敵対関係はありながらも、そこには一定の（心理的）距離が存在する。ジラールはこの段階の人間関係の状態を「外的媒介」[24]と呼ぶ。この状態では、時折、突発的な暴力が顕在化する。簡単な言い争いや突発的な暴行などがその具体的な現れである。しかしこの「外的媒介」は、次第に主体と媒介との（心理的）距離が小さくなっていくことで「内的媒介」[25]という状態に進展する。この状態にまで人間関係が進展すると「欲望の対象」は消え去り、主体間の対立が目的化してしまい「相互的暴力」[26]が蔓延する。この事態について、ジラールは次のように述べている。

模倣《ミメシス》の度は一段と高まりますが、その後はもう対象のレベルで作用することはありえません。なぜならもう対象はなくなってしまうのですから。あるのはただ敵対者のみで、それをわれわれは分身どうしと呼ぶのです。なぜなら敵対関係でありながら、もう何ものも両者を分かつことはなくなっているのですから[27]。

「分身どうし」の「相互的暴力」が蔓延する集団では、お互いが「敵」として現れ、人間関係は軋轢にまみれ、集団内の秩序は崩壊寸前にまで至ってしまう。そのとき、ジラールによれば、集団の崩壊を防ぐために、「相互的暴力」はその和解をもたらす「満場一致の暴力」[28]へと変貌し、集団の秩序維持のためにいけにえが一人生み出される。[29]これをジラールは「集団的暴力」[30]と呼ぶ。「集団的暴力」とは、いけにえを捧げることでおこなわれる供犠の暴力である。この「集団的暴力」によって、爆発寸前の相互的な暴力は沈静化していく。[31]

選手たちは基本的に、試合に出場したいと「欲望」している。換言すれば、指導者に起用されることを欲している。したがって選手同士はライバルであり、お互いの欲望の妨害者でもある。これは「外的媒介」の状態である。しかしこの状態が次第に深刻化していくと、試合に出て活躍することよりもお互いを蹴落とすことが目的化し、チーム内の人間関係に軋轢が充満する。これが「内的媒介」の状態である。さらに、この「内的媒介」の状態が深刻化していけば、スポーツ集団内の人間関係が崩壊寸前にまで達し（「相互的暴力」の状態）、一人のいけにえが見いだされ、いじめやリンチがおこなわれる（「集団的暴力」「満場一致の暴力」）。

5　ジラール暴力論批判

もっとも、ジラールの理論にはすでにいろいろな批判がなされている。なかでも、痛烈なジラール批判を展開しているのが竹内であり、彼の批判のポイントは本章の議論にも関わってくる。

竹内は、「ジラール氏が暴力の発生を稀少性にもとめず、〈模倣の欲望〉désir mimétique にもとめたことは、それ自体としての独自の価値をもつ[32]」という評価を下しながらも、「現実の要請に正しく応答したものだとは、毛頭思わないけれども、すくなくとも、真摯に応答しようと志す者に取って一ステップとしての価値を有することは、誰も否定できない[33]」と述べている。では、竹内はジラール理論のどこに不十分さを感じているのだろうか。竹内は次のように述べている。

しかしながら、同時にこの考え方〔暴力の発生を模倣的欲望だけに求めること：引用者注〕は、つよい一面性の制約を蔵しているように私には思える。なぜなら、欲望の模倣が社会集団の中で敵対的競合をひきおこすのは、欲望の対象が稀少的である環境のもとにおいてだけであるにもかかわらず、この面は不当に軽視して、欲望の模倣と暴力を直結し、暴力の発生をひたすら模倣的社会関係のなかだけにもとめてゆくのは、逆に物質的稀少性だけに暴力の発生の根源を求めた旧来の経済社会主義的思考とおなじように、やはり一面的である弊をまぬがれないからだ。[34]

竹内はジラールの暴力論に対し、「欲望の対象の稀少性」という問題を考慮していない点を批判している。ここで竹内が持ち出している「稀少性」という用語は、彼がサルトルの『弁証法的理性批判』の訳者であり、かつ、ジラールが『弁証法的理性批判』にみられるサルトルの暴力論との対決を避けていることを批判しているところからして、おそらくサルトルのものである。[35]

サルトルは「稀少性」について、「たとえば、しかじかの自然的物質または加工生産物が、一定の社会的分野において、集団の成員または地方の住民の一定の数にたいして不十分な数しか存在しない、つまり、みんなにゆきわたるほどに十分にはない[36]」という「量的事実の表現である[37]」としている。

久保は『弁証法的理性批判』で展開されているサルトルの集団論に依拠しながら、「稀少性」という状況がどのようにしてスポーツ集団での対立的な人間関係を生み出しているのかを、次のように説明している。

〈個人的実践〉において自由にボールを蹴っていた二十人のサッカーの実践者たちは、ゲームに際して九人の〈余計者〉を選出しなければならない。この段階において、他者のボールを蹴る行為は自己を〈余計者〉とする可能性なのであり、また同時に、自己のボールを蹴る行為は他者を〈余計者〉とする可能性なのである。この〈稀少性〉の枠組みの中における人間関係は否定的なものであり、互いに対立的な形をとるようになる[38]。

ここで久保はサッカー部をモデルにしながら、人数制限というルール上の問題と「ボールを蹴る」という〈個人的実践〉が結び付いたとき、選手同士の人間関係が対立的になるとしている。しかしスポーツ集団という場を考えるとき、選手同士の〈個人的実践〉が直接的に選手相互に作用するわけでは必ずしもないだろう。というのも、実際には指導者の存在が大きいような場合が多いと考えられるからである。チーム・部活で、選手たちの〈個人的実践〉を見極めて誰がレギュラーにふさわしいのか決定するのは、多くの場合、指導者だろう。したがって、レギュラーになりたいという選手の欲望は、指導者という存在を意識することと無関係ではありえないということになる。そして、指導者からの信頼を得てレギュラーの座を勝ち取るにはライバルとの競争は必至である。これらのことから、やはり私たちは、選手間の暴力性についてジラール的に、つまり、選手—選手—指導者という三項関係で考えなければならない。

6　欲望の対象の稀少性

さて、竹内は、「欲望の対象の稀少性」という問題への考慮が欠けている点でジラールを批判していた。そして、その批判はおそらく正しい。ジラールは稀少性という問題について論じていない。しかし（ジラールを擁護するわけではないが）、それは、「模倣的欲望」という発想からは思いもよらない問題だったのだろう。ここで私たちは、竹内が提起している「欲望の対象の稀少性」という問題を、ジラールの理論を踏まえながら考えてみよう。

スポーツ集団で、選手（主体）の欲望の「対象」は「レギュラーの座」であり、そこには常に、指導者の存在が分かちがたい問題になってくることが考えられた。指導者が絶対的な存在であるかぎり、レギュラーの座を獲得するための選手同士の闘争は熾烈を極めるだろう。しかし、一部の選手たちが指導者以外のものを欲望の対象にしていたらどうだろうか。例えばサッカー部員であれば、リオネル・メッシやネイマール・ダ・シウバ・サントス・ジュニオールが彼／彼女の欲望の対象だったりするだろう。

フロイトからジラールの理論の流れのなかでみてきたように、おそらく現実的には、一人の指導者に対して選手が一様にその指導者を尊敬するようなスポーツ集団内の人間関係は、競技レベルが高く、集団の凝集性が高いような一部のスポーツ集団の姿だろう。そのような集団には、カリスマ的な指導者の存在がある。

一方、そのような指導者がいないスポーツ集団では、ひとまず一つのスポーツ集団を形成していながらも、個々の選手をみてみると、彼らは指導者以外の存在を欲望の対象にしている場合があると考えられる。彼らにとっては、目立った競技実績や指導実績がない指導者よりも、テレビや雑誌で見聞きするプロプレーヤーなどの存在のほうが欲望の対象たりうるのである。そのような選手が集まる集団について、欲望の対象は稀少ではない。物質的には指導者という存在が与えられていながらも、選手たちの内面世界では、指導者以外の存在が欲望の対象として定立しているからである。

では、競技実績・指導実績ともに優秀なカリスマ的存在の指導者が現れたらどうなるだろうか。まず選手たちは、その指導者の評判を耳にし、彼に注目のまなざしを向けるだろう。そして徐々に、その指導者を自己の対象として定立するようになる。テレビや雑誌で見聞きするプレーヤーよりも、実際に目の前に存在しているカリスマのほうが彼らにとって影響力をもつからだ。さらに、「この人についていけばうまくなれるはずだ」という気概をもって練習しているある選手の姿は、ほかのある選手にカリスマ指導者を彼の対象にすることを促すだろう。こうした「模倣的欲望」の連鎖によって、選手たちの欲望の対象は指導者一人になる。これは、竹内が「模倣的欲望」が暴力を生み出す環境として指摘していた「欲望の対象の稀少性」という事態である。選手たちみんなが一人の指導者に認められたいと願ってお互いをライバル視する関係は、ジラールが「内的媒介」と名づけた「相互暴力」の蔓延する集団的状況と一致しているだろう。

以上、ジラールの暴力論に稀少性という視点を介在させることで、スポーツ集団内のカリスマ的指導者という存在が、選手間関係のなかに「欲望の対象の稀少性」という影を落とし込み、その結果、選手たちの「模倣的欲望」によって、彼らの間に対立的な人間関係が発生することが示された。

7　ジラールを超えて

以上、基本的にはジラール理論に依拠することで選手間暴力について考えてきたが、最後に、今村の次の指摘をみておこう。ジラール理論の特性についての今村の指摘である。

> ルネ・ジラールは、かれの暴力論を仮説的理論とみなして、具体的な暴力現象の分析をその仮説の実証と考えているようだ。かれは実証—仮説を唯一の科学的・学問的方法だと考えているが、かれの「科学論」がどうあれ、かれの「仮説」はかなり確かなものだと私には思われる。

（略）現実的暴力とはとうてい関係がないと思われる現象（聖性、神性、エディプス・コンプレックスなど）のなかにも、現実的暴力の実在をみとめようとするところに、ジラールの理論が仮説的とされるゆえんがある。[39]

この今村の指摘に従うならば、私たちはジラールの議論をひとつの「仮説」として受け取る必要があるだろう。その「仮説」の妥当性は、具体的な事例をどれほど緻密に説明することができるのかにかかっている。したがってここからは、具体的な状況にコミットし、本章の議論を踏まえながら分析・説明してみなければならない。それは選手間暴力の研究であると同時に、ジラール理論を検証していく作業でもある。もっとも、本章の議論はその作業の一端を担うことができたのではないかと考える。つまり、ジラールの暴力論に竹内の批判を経験させることによって、カリスマ的指導者がまとめあげる凝集性が高い集団で選手間の暴力性が高まるという事態を描き出すことができたからである。この理論的説明は、競技実績が高く、集団の凝集性が高いスポーツ集団で選手間暴力が発生しているという現実と符合しているように思われる。

しかしジラール理論には、まだ批判すべき、あるいは注意を払っておくべき点がある。それは、「模倣的欲望」という人間的行為がなぜ暴力行為につながるのかという問題である。ジラールに完全に従うならば、「模倣的欲望」によるライバル関係は、ただちに選手間暴力につながってしまう。しかし実際には、ライバル関係は切磋琢磨を促し、競技レベルを高めるための心理的エネルギーを選手たちに充填するということも、私たちは経験的に知っている。そのため、「模倣」という人間関係での根源的なはたらきを認めながらも、それが暴力に発展する場合と、そうでない場合の違いを考えてみなければならない。

また、指導者がカリスマ的存在であることが「欲望の対象の稀少性」という環境を生み出して選手間の暴力性を増幅させることに対しては、「では、カリスマ的な指導者を排除すればいいのか」という批判が予想される。もちろん、本章でみてきたような指導者の姿はその一側面でしかないのであり、カリスマ的指導者は、関根正美がハンス・レンクとともに主張するように、スポーツ集団の高度な「集団的達成」の重要な契機でもある。(40) したがって、少なくとも、カリスマ的指導者が「有能な指導者」という域を超えてしまい、選手たちの関係性に影を落とす場合の条件やその過程を考察する必要がある。これは、今後に残された課題である。

注

(1)「毎日新聞」二〇〇五年八月二十三日付
(2)「毎日新聞」二〇〇五年八月四日付
(3)「体育科教育」編集部編「体育科教育」二〇〇六年一月号、大修館書店、二六―五三ページ
(4)「毎日新聞」二〇一三年四月十日付
(5)「朝日新聞」二〇一五年三月三日付
(6)前掲「暴力と人間存在の深層」二一ページ
(7)関春南「スポーツと民主主義」、中村敏雄/高橋健夫編著『体育原理講義』(体育学講義シリーズ)

所収、大修館書店、一九八七年、一四七ページ
(8) 同論文一四七ページ
(9) 前掲「暴力をとおして見る学校運動部論」二三〇—二四三ページ
(10) 同論文二三一ページ
(11) 前掲「暴力と人間存在の深層」一八ページ
(12) 前掲「集団心理学と自我の分析」一九五—二五三ページ
(13) 同論文二一四ページ
(14) ジラールは、「人間を暴力の方に、あるいは死の方に連れていく本能——あるいはおのぞみなら欲動（pulsion）といってもいい——という観念（フロイトにおける、かの有名な死の本能、死の欲動）は、後退した神話的態度でしかない」と述べている。ルネ・ジラール『暴力と聖なるもの』古田幸男訳（叢書・ウニベルシタス）、法政大学出版局、一九八二年、二二八ページ
(15) 田川照光「共同体と暴力——ジラールの暴力論」、海老澤善一／高須健至／田川光照／竹中克英／常石希望『人はなぜ暴力をふるうのか——共同研究「暴力および暴力論」』所収、梓出版社、二〇〇三年、二二一ページ
(16) 同論文二二一ページ
(17) 前掲『暴力と聖なるもの』二六七—三〇三ページ
(18) 同書二六七—三〇三ページ。ジラールがこだわっているこの問題に関する解説としては、以下に詳しい。西永良成『〈個人〉の行方——ルネ・ジラールと現代社会』大修館書店、二〇〇二年、三四—四〇ページ
(19) 竹内芳郎「暴力考——R・ジラール『暴力と聖なるもの』他批判」『具体的経験の哲学——現代哲

学思潮批判』岩波書店、一九八六年、二〇五ページ
(20) ルネ・ジラール『欲望の現象学――ロマンティークの虚偽とロマネスクの真実』古田幸男訳(叢書・ウニベルシタス)、法政大学出版局、一九七一年、八ページ
(21) 同書八ページ
(22) 同書八ページ
(23) 前掲「共同体と暴力」二一ページ
(24) 前掲『欲望の現象学』九ページ
(25) 同書九ページ
(26) 前掲『暴力と聖なるもの』七九ページ
(27) ルネ・ジラール『世の初めから隠されていること』小池健男訳(叢書・ウニベルシタス)、法政大学出版局、一九八四年、三七ページ
(28) 前掲『暴力と聖なるもの』一五〇ページ
(29) 前掲『世の初めから隠されていること』三八ページ
(30) 前掲『暴力と聖なるもの』一三二ページ
(31) 同書一五〇ページ
(32) 前掲『具体的経験の哲学』二〇三ページ
(33) 同書二〇五ページ
(34) 同書二〇六ページ
(35) 同書二三〇ページ
(36) ジャン=ポール・サルトル『弁証法的理性批判――実践的総体の理論 第一巻』竹内芳郎/矢内原

伊作訳（「サルトル全集」第二十六巻）、人文書院、一九六二年、一四七ページ
（37）同書一四七ページ
（38）前掲「運動部集団の原理的考察3」四―五ページ
（39）今村仁司『批判への意志』冬樹社、一九八三年、一七一―一七二ページ
（40）関根正美「社会性が育つ学習集団を考える――ハンス・レンクの集団的達成の思想を手がかりに」、「体育科教育」編集部編「体育科教育」二〇一二年三月号、大修館書店、三二―三五ページ

第5章　科学と暴力からみるスポーツ指導

ここでは、科学と暴力を視点にして、スポーツ指導がもつ迫力について考えたい。

二〇一二年に起きた、桜宮高校のバスケットボール部員が顧問教諭からの体罰を苦に自死した事件は、当時大きな社会問題になった。それを受け、体罰・暴力の根絶に向けてスポーツ関連団体はそれぞれに声明を出した。そうした動きのなかで体罰や暴力の問題に対する科学、いわゆるスポーツ科学の有効性が強調されてきた。

しかし、なぜスポーツ科学が体罰・暴力の問題に有効だといえるのだろうか。暴力の根源性を自覚したとき、そのことは必ずしも自明ではない。以下、まずはスポーツ科学の有効性が無反省に強調されている状況への素朴な疑問を提示し、その後、スポーツ指導の根源的な暴力性を検討することを通して、スポーツ科学の限界性を指摘してみたい。さらには、スポーツ科学の有効性への無反省な態度がかえって暴力的な行為へとつながってしまう可能性と、スポーツ指導の本質としての「荒々しい力」について論じていく。

1　スポーツ科学への盲信の危険性

運動生理学やバイオメカニクスなどのいわゆるスポーツ科学がスポーツ指導の実践に大きな影響を与え、それを形作っているという現実は、あらためて指摘するまでもないだろう。[1]書店のスポーツコーナーでは、『バレーボールの科学』[2]『科学が明かすゴルフ上達のメカニズム』[3]などといった指導書をすぐに見つけることができる。

『バレーボールの科学』を開いてみると、「スパイク&サーブを科学する」という項目を見つけることができる。そこには、「ジャンプ動作と前足・後足の膝進展トルクとの相関関係」と題する図表が学術論文から引用されている。[4]そしてこの図表の下には、右利き選手がスパイクジャンプをするとき、「主に後足となる右ヒザの方が、前足の左ヒザより屈曲角度が大きく、接地時間や伸展時間よりも長くなり、それが跳躍高に影響している」[5]という説明が付されている。

さらにページを繰ってみると、試合中に選手たちがどのように動いているかを計測し、その軌跡をポジション別に示した図表を掲載している。[6]こちらも出典を「二〇一六、バレーボール選手の模擬試合時の平面方向の動きに関する研究、山田雄太ほか」[7]としていて、おそらく学術論文からの引用である。そこでは、選手たちが移動した軌跡を線にして可視化している。[8]この図表の下には、「今後このような測定を増やし、データが増えることによって、よりポジションごとの特性を明らかにすることができるだろう。そうすれば、選手たちの効果的なトレーニング・プログラムの作成や、作業の立案にも有効に活用できるものになる」[9]と、今後の研究成果への期待が述べられている。

このように、スポーツ科学は選手の筋力や動きなどを数値化・可視化することで、スポーツ指導への有効な知見・示唆を求めていこうとするものである。こうした試みは、容易には言語化しえないスポーツ運動を可視化してくれるものであり、効果的な練習・トレーニングの考案に資するところがあるだろう。

しかし、スポーツ科学がスポーツ指導に貢献しているからといって、それがただちに体罰や暴力の問題の解決に貢献するかどうかは全く別の問題であり、慎重に検討しなければならないはずである。そのことを自覚的・反省的に議論するような状況は、決して盛んとはいえない。

では、実際のところ、スポーツ科学の有効性はどのようにいわれているのだろうか。例えば、次のような声明文がある。

> 競技力の向上の陰には様々な要因があるが、スポーツ科学の発展はその主たるものの一つであろう。なかでも直接的にコーチをアシストするのが自然科学的な知識である。例えば、技術を習得、改善したりするときにはバイオメカニクスが役に立つ。また、体力トレーニングを計画・実施する時には、スポーツ生理学の知識が活きてくる。そしてトレーニング過程での効果の検証では測定評価の手法を用いることができる。
>
> このように自然科学は、コーチングを遂行していく上でのツールとなりえるのである。この

ツールを効果的に用いることにより、コーチングの成果を効率よくあげることができれば、暴力をツールとして用いることはなくなるだろう。[10]

たしかに自然科学的な知見は、スポーツの世界に限らず私たちの生活に浸透し、恩恵をもたらしている。[11] しかしながら、体罰や暴力の問題の対策という観点からみた場合、この声明には次の三つの難点を指摘しておかなければならない。①競技力の向上には様々な要因があるが、そのうちの主たる要因はスポーツ科学だという強調。②自然科学として直接的にコーチをアシストするという素朴な期待。③自然科学はコーチングのツールとしてありうるが、それを効果的に用いると体罰をツールとして用いることがなくなるという微妙な論理展開。

スポーツ科学の有効性を強調する声明は、ほかにも見つけることができる。[12] 文部科学省は二〇一三年に、「運動部活動の在り方に関する調査研究報告書」[13]を発表し、体罰の根絶を見据えながら、指導者の指導力向上について、次のような見解を示している。

> 指導者は、効果的な指導に向けて自分自身のこれまでの実践、経験にたよるだけではなく、指導の内容や方法に関して、大学や研究機関等での科学的な研究により理論付けられたもの、研究の結果や数値等で科学的根拠が得られたもの、新たに開発されたものなど、スポーツ医・科学の研究の成果を積極的に習得し、指導において活用することが重要です。[14]

たしかに、体罰を受けてきた自分自身のスポーツ経験を絶対化してしまうような指導者ならば、高い確率で選手を殴ってしまうだろう。ここでは、そのようなことにならないために、スポーツ医・科学の数値化された科学的な知見の習得と活用が重要だとされている。

しかしなぜ、科学的な知見を習得することが指導者の経験を相対化することにつながるといえるのだろうか。ここでは、「スポーツ科学が大切だ」という素朴な前提に立っているだけで、あとは指導者が「活用することが重要」としか述べていない。

ここで強調されておくべきなのは、科学的な知見であれ、その他の知見であれ、それらをどう活用するのかという点こそが、きわめて重要かつ実践的な問題である、ということである。それは同時に、実践に向かっていく際の難しさでもある。その難しさにコミットしないかぎり、どのような声明や提言も空に帰するだろう。後述するように、選手の成長を促進することが困難な状況に置かれたときに、指導者は暴力に近づくからである。

いずれにせよ、以上のような難点があるにもかかわらず、現代のスポーツ科学の隆盛を考えれば、「体罰・暴力には効果的な科学的指導を」といったスローガンが、例えば先にみた指導書の類いに記載されるとすれば、それは簡単にスポーツ現場に広まっていくだろう。しかし現場からは、「その「効果的に」というところがいちばん難しいんだ」という声が聞こえてくるのではないだろうか。

さらには、スポーツ科学（者たち）は、すでにスポーツ科学が流通しているスポーツ指導の現場で体罰・暴力が発生している現実をどう説明するのだろうか。スポーツ科学が体罰や暴力の問題を解決するのならば、科学が普及している現代のスポーツ現場で体罰・暴力が起きていることを論理的に説明ができないのではないだろうか。

このようにいえば、スポーツ科学者たちから「体罰をおこなっているのは、科学的な知見をその指導者がうまく活用していないからだ」といった反論があるかもしれない。しかし、その反論にしても、スポーツ科学的な知見に基づく科学的な指導が体罰問題を解決するはずだという大前提は、依然として揺らいでいない。ここで強調しておきたいのは、まさにそのような前提を素朴に抱いてしまうことの問題性なのである。

なぜそこまで反省的になる必要があるのか。スポーツ指導は根源的に暴力性をはらんでいるからである。ここでいう暴力性とは、別の角度からみれば、わざわざ暴力性などと呼ぶ必要がない、しかしそれなしではスポーツ指導という営みが開始されないようなある種の力のことを指している。極端に、かつ原理的にいえば、この力を行使しないこと、つまりスポーツ指導をしないことが体罰・暴力の根絶につながる。

もちろん、その解決策はスポーツ指導という営みそれ自体の抹消を意味している。しかしここでは、あくまでも、スポーツという場で人間はどのように生きていけばいいのかを考えたい。だからこそ、どこまでも反省的になる必要がある。

2　スポーツ指導の暴力性／暴力としてのスポーツ指導

ここからは、第1章のように権力論的な視点からではなく、比較的ミクロな視点、つまり、教える者と教えられる者の関係性という範囲に限ってスポーツ指導の暴力性に迫ってみたい。スポーツを取り囲む社会状況が変容したとしても、スポーツをおこなう以上、人（指導者）と人（選手）との関わりが消失するわけではないからだ。

さて、まずは奥村隆の論考を参照して、スポーツ指導に内在している、あるいは、スポーツ指導という行為をスポーツ指導たらしめているところの、本質的ともいえるようなスポーツ指導の暴力性を示してみよう。

奥村はスポーツ指導者のことを「教える身体」[15]と呼び、その身体（つまり人間）が体罰とどのように関わるのかを明らかにしている。そのために彼は、スポーツ指導者が生起させようとする選手の側の成長について、学習論を参考にして構造化している。そのときに参照されるのがグレゴリー・ベイトソンの議論[16]である。奥村はベイトソンを引きながら、学習を「学習Ⅰ／学習Ⅱ／学習Ⅲ」と類型化している。「学習Ⅰ」は、単に、「〜は…だ」といった一般的なメッセージの学習を意味し、「学習Ⅱ」は個々のメッセージが置かれたコンテクストを学ぶことを指す。[17]奥村は、「学習Ⅰ」と「学習Ⅱ」のいずれにおいても、指導者が体罰などの暴力を用いることはありうるとしているが、この段階での暴力は端的に否定されるべきであり、より効果的な指導法によって乗り越えることが可能だという。[18]

しかし、「学習Ⅲ」の段階では、指導者はどうしても暴力性をはたらかせることになるという。奥村は次のように指摘している。

ベイトソンは、「学習Ⅱ」によって「〝身にしみついた〟前提」が、問い直され変革を迫られるような学習があるといい、これを「学習Ⅲ」と呼ぶ。これまで馴染んできたコンテクストから別のコンテクストがありうるというコンテクストに飛び移る学習、これまでの性格や習慣から離脱するという学習が、「学習Ⅲ」である。[19]

この「学習Ⅲ」の例として、奥村は文楽（人形遣い）の師弟関係での伝承の場面を挙げている。[20]弟子は、初めのうち、雑用をしながら師匠の人形遣いの「間」や「拍子」を見て、それを一つの「型」として覚えていく。しかし、覚えた限りのことをやるだけでは、師匠は弟子の人形遣いを認めない。認めないどころか「カス」を飛ばし、下駄で蹴りを入れる。そのうち、弟子は「次、自分の思うようにやって師匠に蹴られたら辞めてやる」と意気込み、型から逸脱して人形を思い切り操ることを心に決める。そして実際にそれを実行したところ、弟子の「おそらく蹴られるだろう」という予測に反し、師匠はその人形遣いを「うまい」と褒める。弟子はその結果、自分の力不足を反省し、それまで自分が依拠していたのとは異なる型があることを認識するようになるという。

奥村は、「師匠からの暴力が彼〔弟子：引用者注〕を跳躍させたのだとしても、それが暴力を肯定することにつながってはならない[21]」としながらも、何かを教えるとき、「人を最初とは違った存在に変えてしまう荒々しい力[22]」がはたらくことは避けられないと述べている。そして最終的に、「スポーツ指導者は、（略）選手をいかに「学習Ⅲ」に跳躍させるかという局面において暴力に接近する[23]」と指摘している。

何かを知らない人にその何かを教えようとするところには、必ず「荒々しい力」、すなわち暴力性がはたらかざるをえないのであり、そのことはスポーツ指導にも同様に指摘できるだろう。しかし奥村は、人形遣いの師匠―弟子関係から類比的にスポーツ指導に言及するにとどまっている。この点に関して、高尾尚平の議論を参照して、さらに詳しく検討してみよう。

3 スポーツ指導と暴力の交点

高尾は、体罰の規格化という機能を指摘した筆者の研究を批判的に検討して、体罰の機能はそれに尽きないと指摘している。そのときに高尾が言及するのが、庄形篤のフィールドワーク[24]なのである。

高尾によれば、庄形が報告する体罰の意味は「試合での厳しさを超克させるための意図的行為[25]」というものである。それは、選手たちが「現状を超え出て一層の力を発揮することができるようになるため[26]」に用いられるものだという。このような体罰の意味・機能について、高尾は、筆者の議論[27]と比較しながら、次のように区別している。

松田によって論じられた指導者の暴力は、「いい選手」という範型のうちに選手を収束させせるための機能なのである。つまり、松田の議論における暴力が主体を規格化させるベクトルを有するのに対し、庄形の報告にある暴力は主体を変容させるベクトルを有している。ここに選手の変容に向けた暴力の存在を指摘することができる。(28)

高尾は、選手の変容を促すような この類いの暴力の意味・機能を「超越」として指摘する。(29)それは、慣れ親しんだ状況にとどまろうとする人間の性向から選手を解き放ち、より一層進化・発展したものとしての新たな身体諸能力の顕現化を図るものだという。(30)この「超越へ向けた暴力」について高尾は、「超越Ⅰ」と「超越Ⅱ」という二つの区別を設けている。そのときに彼が参照するのが、すでにみた奥村の議論である。

高尾は「超越Ⅰ」とは、「学習Ⅱに見られるような選手の力量を拡大させる働き」(31)であり、「超越Ⅱ」とは、「学習Ⅲに見られるような選手の根本的組み換えを企図する働き」(32)としている。暴力と関わるのは「超越Ⅱ」だが、高尾はこれを、「学習Ⅱ」から「学習Ⅲ」への移行を選手に促すときに指導者が暴力性を高めることを、奥村による学習の段階についての指摘に対応させて定義している。

では、この区別と定義づけにはどのような意味があるのか。そこには、「なぜ暴力が「超越Ⅱ」(「学習Ⅱ」から「学習Ⅲ」への移行)を引き起こすのか」という高尾の問題意識がある。その問題に取り組むためには、奥村(やベイトソン)のように、学習に客観的な段階的区別を与え、整理するだけでは不十分であることは明らかだろう。そのため、高尾にとっては、「学習Ⅱ」から「学習

Ⅲ」に移行するその主体（ここでは選手）の生のありようが問われなければならなかったのである。こうした問題意識のありようは、筆者が、体罰を甘受する生徒の心的状況を明らかにするために、フーコーからバトラーの議論へと展開させたことと共通するものである。

4　超越と暴力

暴力は、どのようにして「超越Ⅱ」を引き起こすのか。そのことを考えるために高尾が目を向けるのはバタイユの思想である。(33)

バタイユの基本的な姿勢は、まずは「有用性」への不満として確認することができる。バタイユがいう「有用性」とは、「俗なる世界」への批判的意志がこもった用語であり、それを突破するためのファクターとして暴力が考えられる。「俗なる世界」とは、自分自身を客観化・対象化し、道具的に扱ってしまうような、つまり未来の目的に対する手段として現在の自己を位置づけるような人間の生が蔓延する世界である。高尾の研究では、「選手や指導者が、スポーツのよりよい成果に向けて考え活動するような在り方(34)」が、スポーツの実践の「俗なる世界」的な側面として捉えられている。そのことを高尾は、ダブル・バインドにからめとられ、「学習Ⅱ」からなかなか飛躍・成長できない選手の姿という具体的な状況のなかにみている。それは、結果や成績、あるいは練習計画などによってかえって息苦しさを感じてしまったり、思い切りよくプレーすることができなくなってしまったりするような状況である。

ダブル・バインドの状況から選手を超越させることは、指導者にとっても選手にとっても難題である。しかしそれは、成長や勝利のためには乗り越えられるべき障壁である。おそらく、選手の勝利への意志が高まっているタイミングで行使される指導者の暴力は、これまでの学習経験がさらなる飛躍を困難にする足かせになってしまっているような選手に対して、いわばカンフル剤になるのだろう。高尾は、そのような選手の被暴力経験を至高性の体験と解釈している。[35] その体験のなかでは、選手を拘束するダブル・バインドは打ち砕かれ、新たなアスペクトが開示されるという。つまり、指導者の暴力が選手の「超越Ⅱ」を引き起こすのである。この事態について高尾は、「〔選手にとって：引用者注〕この瞬間に重要なことは、いかに行動するかではなく、ただ懸命に行動すること[36]」であり、「このような状態を「おもいきりのいいプレイ」、「覚醒している選手」などと呼んでいる[37]」と指摘している。

しかし、こうした効果はなぜ実現されるのか。高尾は引き続きバタイユを参照しながら、暴力と「死」のつながりがそれを可能にしているという。つまり、「死が人間の事物性――過去から未来へと持続する時間のなかで考え行動するような在り方――に対して破壊的[38]」であり、そのために「人間は死を経験することによって、自己として在るための未来に向けた企図の観念や認識を抱くことができなくなる[39]」というのである。

もちろんこれは、指導者が選手を殴り殺そうとしているという話などではなく、暴力を受けることに伴うある種の恐怖体験のことを、ここでは象徴的・衝撃的に「死」と呼んでいるのであって、実際の死を意味しているのではなく、模擬的なそれである。実際のところ、選手たちが「あのときは殺されるかと思った」などと暴力の体験を述懐することは、ままあるのだ。

しかしながら、どうして模擬的な死の体験が「超越Ⅱ」を引き起こすのだろうか。この疑問はやはり残るだろう。この疑問は、暴力によって覚醒する選手ばかりではないという現実をみたときに必然的に生じてくるものである。また、バタイユにとっては、暴力の主体はいったい誰だったのか。暴力は禁止されていて、その禁止を侵犯する暴力によってその主体が至高性の体験を得るのではなかったのだろうか。そうであるならば、スポーツ指導の場面では暴力を受ける客体の側である選手に至高性の体験（超越）が生じるのはなぜなのか。こうした疑問は、バタイユの読み直しによってしか解消されないだろう。しかしながら、ここではそのような余裕はない。ここではこの疑問を、バタイユの議論を援用することの妥当性の問題として処理しておきたい。

バタイユはスポーツ指導について論じてなどいないのだから、彼の議論を援用することに妥当性はないと断じることは簡単だろう。しかし私たちの関心は、あくまでも、スポーツ指導の場面でただならぬ意味や機能、威力をもっている指導者の暴力の本質的理解なのであり、そのような暴力論は、やはりバタイユ（あるいはニーチェ）などから学ぶほかないだろう。このあたりの問題については、高尾も自覚的である[40]。

まとめよう。高尾の研究からわかることは、暴力否定論者たちが「それではまるで動物だ」と非難してやまない暴力の覚醒性は、覚醒に対して感じる動物性とは裏腹に、実は優れて人間（学）的な意味と機能をはらんでいるということである。もちろん、バタイユから離れてしまい、「それはやはり単なる動物的な覚醒にすぎず、そのため人間的ではない」という倫理的な議論の方向性もありうるが、しかしその覚醒は、間違いなくスポーツという文化空間のなかで起きているのである。もし動物的覚醒にすぎないのであれば、その選手（動物？）は、例えばルールを守るような能力を失い、ただ単に暴走するだけの荒々しい存在者になるのではないか。この点は、スポーツの暴力を考えるためにも、またそのための暴力論のためにも非常に重要な点なので、もう少し立ち入って考えてみよう。

5 〈たそがれ〉の暴力

さきほど、高尾の議論に対し、「暴力の主体は誰だったのか」ということ、それに連動して「至高性の体験の主体は誰だったのか」という点を批判的に指摘したが、実は、これらの批判が無効になってしまうような（バタイユなどの暴力の哲学や思想への）暴力の学び方があることに言及しておかなければならない。

西谷修はバタイユについて、「〈夜〉に潜み入り、〈夜〉に見えない目を凝らし、〈闇〉のざわめきに耳を澄まし、その鼓動に触れてわが身を戦慄させながら、〈夜〉を思考しようとした[41]」人としている。ここでいう〈夜〉とは、具体的には戦争を念頭に置いているのだが、あえて〈夜〉とされているのだから、それはメタファーとしての機能をもっている。その理解は、〈昼〉との対置でなされるべきである。西谷は次のように語っている。

〈昼〉の明るみのなかでは、人間は人格的存在として、個人として、そして明るみのうちに広がる世界のなかで〈主体〉として振る舞い、世界のもろもろの事象を把握できます。ところが〈夜〉のなかでは、人間も世界もともに闇に溶けてかたちを失ってしまいます。[42]

つまり、〈昼〉とは、自律的で主体的な人間が理性的に生きる秩序ある世界のありようを示すためのメタファーである。[43]〈夜〉はその逆、すなわち、秩序なき世界のありようを表現している。西谷によれば、暴力のような行為は〈昼〉の秩序のなかでは禁止されているが、世界が〈昼〉の相から〈夜〉の相に移ったとき、その秩序は闇に消え、人間の暴力性が噴出するという。[44]

このような世界への視角をもちながら、西谷は「誰にも属さない〈暴力〉[45]」（傍点は原文）ということをいう。ここでも、〈暴力〉として具体的に念頭に置かれているのは戦争なのだが、西谷の意図はむしろ、〈夜〉のなかで人間はその闇によって視覚を失い、主体―客体、加害者―被害者関係といった〈昼〉的な人間関係が消失して、[46]私たちみんなが〈暴力〉の状況に包まれてしまうという点の強調にある。この西谷の指摘には、暴力の前人称的次元が示唆されているが、そのような暴力へのまなざしは、本書の議論とも重なってくるのである。

第2章で、「指導者はスポーツの根源的な暴力性が発現するための媒体である」という言い方をした。媒体、つまり指導者は、根源的な暴力性に促されているという側面も、スポーツ指導という現実にはあると考えることができる。あえて図式的にいえば、スポーツの根源的な暴力性がまずあって、それが指導者、ひいては選手に影響しているという順序である。[47] むしろ、そう考えなければ、スポーツに固有の暴力的な雰囲気がうまく理解できなくなってしまうだろう。つまり、指導者の暴力的な意志だけがあって、それが暴力についての唯一の出発点ではない、ということなのである。

　では、スポーツの空間は〈夜〉に属するものとして理解しておけばいいのだろうか。いや、おそらくそれは早計な判断だろう。スポーツの空間は、西谷がいう〈夜〉ほどには闇に包まれてはいない。そこには、それなりの光も差し込んでいる。要するに〈昼〉ほど明るくもないが、〈夜〉ほど暗くもない。そこは、〈昼〉の光と〈夜〉の闇が交じり合う〈たそがれ〉の空間かもしれない。どういうことか。

　スポーツには、非常に明るいイメージがあるだろう。「スポーツマンシップ」「フェアプレー」などといったイメージだ。しかし同時に、その期待を裏切る現実もスポーツには散見される。ドーピングや社会問題化した危険タックルなど。要するに、「キレイごとだけじゃない」という側面もスポーツにはある。サッカーの試合で、飛び出した相手フォワードを止めるために積極的にファウルを犯し、それに対して拍手が送られたりするのである。

　印象的な言い方をすれば、スポーツの空間は〈昼〉の思考にとっては暗すぎるが、同時に、〈夜〉にとってはあまりに明るい、つまり清潔すぎるのだ。スポーツマンシップやフェアプレーといった要求がある半面、スポーツが身体性を発揮するまさに身体運動文化である以上、荒々しい力、すなわち暴力性の発揮が要求されるのは当然のことである。[48] 例えばフランクフルト学派のような批判理論による痛烈な批判を待たなくても、スポーツにおける身体性の発揮に連動して高進する人間の荒々しい生の前では、スポーツが現代社会に位置づくために身にまとった近代的理性や価値など、あっという間に吹き飛ばされてしまうのかもしれない。

本質的には暴力には〈夜〉の側面があるのだが、現実的にはスポーツ指導での暴力には〈昼〉の思考がまとわりついている。それは、〈たそがれ〉の思考として、私たちに西日を向けている。暗転の前のその独特のまぶしさによって、スポーツの暴力に対する私たちのまなざしは攪乱されてしまう。

6 再び科学の問題性――科学への拘泥が生み出す暴力への可能性

スポーツ指導の根源的な暴力性の検討が私たちをずいぶん遠くまで連れてきてしまった。ここからは再びスポーツ科学の問題に戻ろう。暴力の闇の深さを私たちは理解したのだが、はたして、スポーツ科学にはその闇を葬り去るほどの力があるのだろうか。

先に参照した奥村は、暴力を解決していくために「合理的・科学的な方法」(49)の必要性を説いている。しかし、その具体的な場面や事例までは挙げておらず、「合理的・科学的な方法」として奥村が考えているものは何なのかはわからない。ここでも「科学的な方法」が出てきたが、はたして科学は体罰を防ぐことができるのだろうか。

「体罰問題には科学的指導を」という方向性が示されていることをすでに確認したが、そうした声は、バイオメカニクスなどのいわゆるスポーツ科学と呼ばれている領域からだけ聞こえてくるわけではない。例えば体育科教育専門領域の神谷拓と菊幸一は、特に体罰が問題になっている「運動部活動の練習を科学化（言語化）していく」[50]べきことを体罰根絶の声明として発表している。また、体育経営管理学専門領域の体罰・暴力根絶委員会は、スポーツ指導者養成のために、学術的・科学的根拠を与える学会の役割を検討しなければならないという趣旨の声明を発表している。[51]

スポーツ科学者たちだけでなく、多くの研究者たちがなぜ体罰や暴力の問題の解決策としてスポーツ科学を重視しているのだろうか。この疑問を彼らに問うてみても、おそらく答えは返ってこないだろう。彼らは、科学とは何かについて立ち入って論じてはいないからである。もちろんそれは、科学論（科学哲学）を要請する大きな問題であり、本章でもそのことを真正面から取り扱うことはできない。しかし、ここで問題にすべきなのは、科学論という大きな問題もさることながら、体罰問題の解決策としての妥当性が吟味されないまま、科学的なるものが重視されてしまっているこの状況がどこからきているのかということである。

科学的なるものの妥当性がよく吟味されることなく様々なところで重視されているということは、科学的なるものへのポジティブなイメージがスポーツ界に広がっているからだと考えることができるだろう。「スポーツ科学はいいものだ」という思い込みが思考停止を生み、科学的指導が体罰問題を解決する術になるのかどうか、という検討すべき問題が棚上げにされてしまっている可能性がそこにはある。

では、スポーツ科学が「いいもの」として見なされてしまうのはなぜなのだろうか。樋口は次のように述べている。

封建性、野蛮といったことがらの対極に科学的といったイメージが形成される。スポーツ科学の繁殖力がここにある。（略）この種のイメージの現出が日本人的な気質に基づく根深いものであるとすれば、そして、実際にどうであるかということよりも、多くの人々がスポーツにそのようなイメージを付与しておきたい、スポーツをそのようなものとして理解しておきたいと思うようにする隠された力がその背後にある。(52)

体罰・暴力は、「封建性、野蛮といったことがら」に分類されるところのものだろう。したがって解決策として、その対極にあるスポーツ科学が持ち出されてくるのである。そのような振る舞いの基盤にあるのが科学へのイメージのもち方の問題だと、樋口は指摘している。

ただ、もし樋口がいうようにそれがイメージの問題だとしても、そのイメージは科学の有効性に私たちが直面することで形成されてきたという面もあるのではないだろうか。無論、樋口はその点についてではなく、次の金子明友のような科学批判がなされない状況こそを、イメージの問題性として批判しているのである。

昨今の成果主義は、より合理的な方法論を優先し、ひたすら結果を出すことのみに執心する。

（略）有無を言わせず、飴と鞭の賞罰方式によって旺盛な意欲を引き出し、反復を活性化して偶発を待つ道をとるのが一般的である。[53]

「合理的な方法」は科学的指導のことを指しているが、新保淳がいうように、それは人間をある種の機械と見なすことで、その運動の因果関係の特定を至上命題としているだけのことであり、そこから得られた成果を、例えばスポーツ指導などに応用する段階では、様々な問題が生じてくることを科学者や指導者たちは自覚しておかなければならない。[54]そのような自覚がないスポーツ指導では、スポーツ運動の機械論的な説明が示されるだけで、その後は金子がいうように、選手たちの反復練習に任せてしまうしかないのである。そして、反復練習のモチベーションを維持するために「飴と鞭」が与えられる。この「鞭」のなかには体罰が含まれることもあるが、ここで体罰に走らず、さらに科学的な指導を施そうとする指導者もいる。しかし、そこにも限界はある。金子は次のように指摘している。

目指した動きが〈できない〉とすると、そこに生理学的、物理学的な原因を求め、その欠損を補えば〈できる〉と考える。それでもうまくいかなければ、その原因を直ちに精神的不安定や恐怖感に求める。その精神的弱さなどの心的障碍を取り除くメンタルリハーサルを施せば、その動きの感覚質が独りでに発生すると考えてしまうのだ。このように、欠損の要素をトレーニングによって、安定した動きを〈再能動化〉できるとする因果決定論は、競技界のみならず、学校体育の領野でも支配的な考え方である。[55]

では、なぜ多くの指導者たちが因果決定論に引かれていくのだろうか。それは、スポーツ指導の成功や選手の成長がどのようなプロセスによって成立しているのか、そのことは誰にも本当のところはわからないし、明確に説明できるものでもないからではないだろうか。例えば「化学反応」という言葉でしか表現できないような奇跡的な瞬間がスポーツの実践には満ちあふれているだろう。つまりスポーツ指導は、そのプロセスや成功について説明し尽くすことができないという意味で訳がわからない事柄なのである。

一ノ瀬正樹は、「訳がわからない」という事態は、私たちにいら立ちと不安を抱かせるものであり、そのために私たちは、この訳がわからない世界を何とか理解しようと努力し始めるという。[56]おそらくそのときに、最もわかりやすい説明図式として「こうすればこうなる」という因果関係が見いだされるのだろう。指導者たちは、「訳がわからない」スポーツの世界で生きていくために、因果性という誰にとっても簡単に理解できる説明原理にある意味ではすがっていると考えられる。しかし、因果決定論的なスポーツ指導に限界があるとすれば、指導者たちはそれを乗り越えなければならない。もし乗り越えられなければ、「因果決定論的な指導→指導の行き詰まり→科学的指導の習得→因果決定論的な指導→指導の行き詰まり→科学的指導の習得」というスパイラルから抜け出すことができなくなる。その一方で、いわゆるスポーツ科学から、「科学的な指導によってこそ体罰は解決される」というイメージが指導者たちに与えられるかぎり、彼／彼女たちが科学的指導へのポジティブなイメージを払拭することは難しいだろう。指導者たちは「スポーツ科学」のポジティブなイメージと、スポーツ科学的知見だけではうまくいかない現実との間に板挟みになって、困り果てた末に選手・生徒を殴ってしまうかもしれない。

したがって、「科学が役に立つ」といったことは、決して一義的に語ってはならないのである。そのような語りが可能になるには、有効性が指摘されているところのその指導方法を具体的な状況から切り離すことでしかありえない。要するに、抽象化の問題性である。この意味で、先にみた声明などのように、科学の有効性をうたってしまうことには注意を払わなければならない。

おわりに

スポーツ指導の暴力性を根絶するというのであれば、根絶やしにするのだから、暴力の可能性があるいっさいの人間活動をやめてしまうということが、当然の論理的な帰結だろう。「それはいやだ」「それでもスポーツを教えたい」というのなら、スポーツを指導する者たちは、奥村と高尾の議論をみることで示された指導の暴力性を宿命として抱え、向き合っていかなければならない。それは間違いなく指導者の責任であり、倫理である。「宿命」というといささかおおげさかもしれないが、実はそういう覚悟がある意味では基本的なものだということが、これまで指摘されてこなかったというだけにすぎないのではないかと筆者は感じている。

スポーツ指導をネガからみれば、それは、指導者が暴力性というある種の力を選手に対してはたらかせることを意味している。しかしそうしたネガからの視点は、一応、隠蔽されていなければならない。暴力が暴力としてむき出しのままで存在してはならないのが、私たちが生きている社会の基本原則だからである。そういう工夫のうえに社会は成立しているにもかかわらず、スポーツ指導者は「暴力は必要だ」と発言したりする。その声は、スポーツに関わりがない人々からすると社会の成立を脅かすものとして響くかもしれない。いや、人命が失われている以上、それは実際に脅かしているのだ。

暴力を肯定しているわけではない。ここで強調していることは、スポーツ指導という現象から垣間見ることができる人間と暴力性の根源的な連関についてであり、短絡的で過度な解決論・根絶論・改革論は究極的にはスポーツ指導の廃止を意味してしまうことへの注意を、ここでは促しているにすぎない。「何もできなくなってしまう」という現場の声は、この意味で、無思慮な嘆きではなく（その意図はさておき）、実はスポーツ指導の本質的な難しさを言い当てていると、ここでは解釈しておくべきだろう。むしろ、そうした解釈から出発して現実を捉えなければ、複雑な現実への理解は開けてこないのである。

注

（1）スポーツ・ジャーナリストの永井は、自身もスポーツ指導（サッカー）を実際におこなう実践家だが、彼によれば、スポーツ指導に関する科学的な知見はかなりの程度スポーツ指導の現場に流通しているという。永井洋一『少年スポーツ ダメな指導者 バカな親』合同出版、二〇〇七年、一八ページ

（2）根本研／小川良樹／岩崎正人／若松健太監修『バレーボールの科学――科学が教えるバレーボール技術のポイント』（洋泉社 MOOK SPORTS SCIENCE）、洋泉社、二〇一六年

（3）ゴルフ上達アカデミー、伊丹大介監修『科学が明かすゴルフ上達のメカニズム』永岡書店、二〇一四年

（4）前掲『バレーボールの科学』一五ページ

（5）同書一五ページ

（6）同書四九ページ

（7）同書四九ページ

（8）同書四九ページ

（9）同書四九ページ

（10）尾縣貢「スポーツ科学からの暴力を用いない方法論の紹介」「体育学研究」第六十巻レポート号、日本体育学会、二〇一五年、一ページ

（11）永井は、スポーツ指導の現場で、子どもたちの個性を無視した機械的な指導が、科学的なスポーツのコーチングの浸透とともに少なくなったと述べている。前掲『少年スポーツ ダメな指導者 バカな親』一八ページ

（12）図子浩二は、スポーツ科学を有効に用いれば体罰問題が解決されることを説いている。図子浩二「体罰・暴力根絶のためのコーチング学からのアプローチ法」、前掲「体育学研究」第六十巻レポート号、三ページ

(13) 運動部活動の在り方に関する調査研究協力者会議「運動部活動の在り方に関する調査研究報告書——一人一人の生徒が輝く運動部活動を目指して」(http://www.mext.go.jp/a_menu/sports/jyujitsu/__icsFiles/afieldfile/2013/05/27/1335529_1.pdf)［二〇一九年十月二十九日アクセス］
(14) 同報告書一六ページ
(15) 奥村隆「「スポーツする身体」と「教える/学ぶ身体」の交わるところ——学校運動部における「体罰」をめぐって」、前掲「スポーツ社会学研究」第二十二巻第一号、四一ページ
(16) G・ベイトソン『精神の生態学』佐藤良明訳、思索社、一九九〇年、三八二—四一九ページ
(17) 前掲「「スポーツする身体」と「教える/学ぶ身体」の交わるところ」四四ページ
(18) 同論文四五ページ
(19) 同論文四四ページ
(20) 同論文四二—四三ページ
(21) 同論文四五ページ
(22) 同論文四五ページ
(23) 同論文四七ページ
(24) 庄形篤「運動部活動における体罰受容のメカニズム——A高等学校女子ハンドボール部の事例」「スポーツ人類学研究」第十五巻、日本スポーツ人類学会、二〇一三年、九七—一二二ページ
(25) 高尾尚平「超越へ向けた暴力——スポーツの指導と暴力の交点」、体育・スポーツ哲学研究編集委員会編「体育・スポーツ哲学研究」第四十巻第一号、日本体育・スポーツ哲学会、二〇一八年、三七ページ
(26) 同論文三七ページ

(27) 本書の第2章の内容がこれにあたる。

(28) 前掲「超越へ向けた暴力」三七ページ

(29) 同論文三八―三九ページ。規格化という問題を第2章のように、権力論の範囲にとどまらせておくのならば、たしかに高尾が指摘するとおりだが、筆者の思いとしては、もう少し大きな視野から規格化の暴力について考えていた。部内規則・チーム内ルールに基づく罰則とそれによる指導は、「学習Ⅰ」から「学習Ⅱ」の段階にあたるだろう。それを支える根拠は「いい選手」という理念である。この理念は、「学習Ⅱ」から「学習Ⅲ」へと移行させようとする指導者の意図にも必ずはたらいている。つまり、「学習Ⅱ」から例えば「学習Ⅳ」に移行されてしまっては困るのであり、やはり指導者は、「学習Ⅲ」へと選手を導こうとする規格化の意図をもっているはずなのである。したがって、スポーツ指導での暴力はどのような場合でも、選手をある特定の目指されるべき状態へと移行させようとする規格化の暴力だということができるのである。いくら指導者が怒りにまかせて殴っていたとしても、彼／彼女がそう自白しないかぎり、そして暴力によって選手が覚醒するかぎり、それは何らかの意味をもっているし、そのようなものだったとして解釈されるしかない。さもなければ、スポーツ指導の場で何の意図もない単なる暴力行為が起きただけ、ということになってしまう。つまり超越とは、規格化されるところの人間の実存的な生の動きのことを指し、規格化とは、超越という人間の変容の結果やそれを促そうとするはたらきなどの客観的な名辞だという整理をしておくことができるだろう。

(30) 同論文三八ページ。なお、高尾は内山の研究を参照することでこれを指摘している。高尾が参照している内山の研究は以下。内山治樹「コーチの本質」、前掲「体育学研究」第五十八巻第二号、六九〇―六九一ページ

(31) 前掲「超越へ向けた暴力」四〇ページ

(32)同論文四〇ページ
(33)バタイユについては第1章でも簡単にまとめている。
(34)前掲「超越へ向けた暴力」四三ページ
(35)同論文四四ページ
(36)同論文四六ページ
(37)同論文四六ページ
(38)同論文四五ページ
(39)同論文四五ページ
(40)高尾は、バタイユの供犠論は単純にスポーツ指導と暴力の問題へとスライドできないことに言及している。同論文四四ページ
(41)西谷修『夜の鼓動にふれる――戦争論講義』（ちくま学芸文庫）、筑摩書房、二〇一五年、六九ページ
(42)同書八五ページ
(43)同書八三―八五ページ
(44)同書六六―八八ページ
(45)同書六〇ページ
(46)同書六〇ページ
(47)斎藤環は、「個人の資質や病理、思想信条とはおよそ無関係に生じてしまう暴力がある」としながら、そのような暴力を、「ある種の「場」の力によって賦活される暴力」（傍点は引用者）と見なしている。この「賦活」という言い方もあわせて参照いただければ、「暴力性に促される」ということの

ニュアンスがいくぶんか伝わりやすくなるかもしれない。斎藤環「子どもから親への家庭内暴力」、青木省三／宮岡等／福田正人監修「こころの科学」第百七十二号、日本評論社、二〇一三年、六九ページ

(48) リチャード・シュスターマンは、暴力を「すばやくて激しい力あるいは力強さ」と定義する。このシュスターマンの定義を、スポーツと暴力をみる視点として受け止めるならば、ヨハン・ホイジンガの遊戯論を検討した関根の議論が想起される。関根は、スポーツでの身体運動は緩慢なものであってはならず、すばやさとテクネーが一体になってある種の美的体験が訪れること、そしてその瞬間にこそ遊戯の世界が競技者の意識のなかに開けてくることを指摘している。なお、スポーツ実践者の美的体験に関するものとして、樋口の研究を挙げておくべきだろう。樋口の研究でも、スポーツ運動を可能にするための技術と美の関係を指摘している。以下を参照。リチャード・シュスターマン「プラグマチズム、芸術、そして暴力——ラップの場合」江川隆男訳、「iichiko」第四十九号、日本ベリエールアートセンター、一九九八年、五ページ、関根正美「遊戯としての身体運動における経験——ホイジンガの再解釈から」、体育・スポーツ哲学研究編集委員会編「体育・スポーツ哲学研究」第三十巻第二号、日本体育・スポーツ哲学会、二〇〇八年、九九—一一一ページ、前掲『スポーツの美学』二二七—二三一ページ

(49) 前掲「「スポーツする身体」と「教える／学ぶ身体」の交わるところ」四六ページ

(50) 神谷拓／菊幸一「体罰・暴力の根絶に向けた運動部活動教育の内容と条件整備——教師の専門性と運動部活動指導の関係に注目して」、前掲「体育学研究」第六十巻レポート号、一一ページ

(51) 作野誠一ほか「体罰・暴力根絶のための検討課題について（最終報告書）」、同誌三三ページ

(52) 樋口聡「スポーツ科学論序説（Ⅱ）：イメージの生成——わが国におけるスポーツ科学の誕生」、広

島大学教育学部編「広島大学教育学部紀要 第二部」第四十四号、広島大学教育学部、一九九五年、一一四ページ
(53) 金子明友『運動感覚の深層』明和出版、二〇一五年、一〇三ページ
(54) 新保淳「スポーツ科学における身体への「まなざし」の質(Ⅱ)——スポーツ科学論序説⑥」、「体育科教育」編集部編「体育科教育」一九九八年九月号、大修館書店、四五―四七ページ
(55) 前掲『運動感覚の深層』一二五ページ
(56) 一ノ瀬正樹『原因と結果の迷宮』勁草書房、二〇〇一年、ivページ

［付記］本章の内容は、日本体育学会第六十七回大会(会場：大阪体育大学)で筆者がおこなった体育哲学専門領域での一般研究発表「体罰・暴力問題の克服に向けて——「科学的指導への拘泥」から「偶然性の自覚」へ」の内容を大幅に加筆・修正したものである。また、バタイユ思想の解釈や、そのために必要になる研究書については、高尾尚平から直接にアドバイスをもらった。ここで言及している彼自身の論文の解釈についても、直接本人に確認することができた。筆者と高尾は問題意識を共有し、日頃から研究交流を深めている。本書の成立は高尾との交流がなければありえなかったと感じている。そのことを、彼への感謝としてここに記しておきたい。

第6章　学校教育の本質に関わる暴力性

ここからは学校での暴力問題、特に、体罰といじめについて考えていくが、第1章でも述べたように、スポーツ集団についての暴力の社会哲学を踏まえて考察する。前章までで、ある目的に向かっていくために成員間の連帯が必要とされる点で、スポーツ集団を学校の祖型的・典型的モデルと見なし、そこにどのような暴力性が潜んでいるのかを考察した。そこでは、暴力性とは何らかの異常事態や病理的事態ではなく、むしろ、何らかの価値的なもの（スポーツの理念、指導者・選手がよりよくなろうとすること、指導者への「憧れ」、切磋琢磨を促す選手間のライバル関係）と表裏一体のものとして確認することができた。価値的なものと暴力性の表裏一体性。このことを踏まえながら、以下、学校の暴力について考えていく。

1　教育研究における従来の暴力理解

スポーツの暴力性について論じる際、フーコーが析出した権力のひとつの様態である規律・訓練を検討することで、その根源性を明らかにした。そのとき、「規格」の入れ替えは暴力的におこなわれること、そして、新たな「規格」が新たな抑圧的・暴力的状況を生み出す可能性があることを理解した。おそらく学校教育の暴力性についても同じような構造が指摘できるだろうが、ここでは、フーコーやイヴァン・イリイチなどを援用することは避け、「教育と暴力の密約」ということを論じている鳶野の議論に、まずは目を向けてみよう。

鳶野は「常識的な暴力理解の教育学的基盤」[1]として、「教育と暴力との原理的な背反性の見地に立った、教育は暴力の否定であらねばならず、また暴力は教育の否定であるほかはないとする教育学的見解」[2]を、いくら糾弾されても暴力がなくならない現実と符合していないとして批判している。鳶野によれば、そうした常識的な見解は次の三つの観点から構成されている。一点目は、暴力は人間の未熟さ、あるいは野蛮さからくるというもの。二点目は、暴力は人間の感情、あるいは非合理性からくるというもの。そして三点目が、暴力は人間関係のなかの強制や拘束の問題と関わっているというものである。[3]一点目について、鳶野は次のように説明している。

暴力行為にでる者は、総じて、人間として未熟で野蛮であるからだとするのである。そして、教育が、未熟なヒトとして生まれてきた子どもを心身ともに成熟した人間へと導き、育成することにかかわる営みであるとされるとき、子どもの未熟さは、まさしく教育によって克服されるべきものとなる。またこの子どもの未熟さは文化社会的な視点から見れば、人間の自然状態としての野蛮さでもある。教育が一面、子どもの文化化と社会化として説明されるとき、子どもにおける野蛮さもまた、教育による克服の対象として位置づけられることになる。したがって、こうした人間における「未熟さ」や「野蛮さ」と結びつけられて捉えられる「暴力」もまた、人間における否定され克服されるべき在り方なのである。[4]

二点目については、次のように説明している。

ここでの暴力行為とは、自分の置かれた状況について合理的に冷静な判断を下すことができず、周りの事物や他者に対して、一時の激情に任せて、前後の見境なく理不尽な攻撃を企てることである。つまり子どもの粗暴で荒々しい振る舞いは、子どもがまだ合理的な判断に乏しく、自重や抑制することなしに自身の感情を迸り出させていることなのである。（略）より重要な点は、そうした荒々しさや激烈を伴う暴力的な振る舞いそれ自体は、教育的に望ましい行為ではまったくなく、明らかにどこまでも矯正と指導の対象として取り扱われるということである。[5]

最後の三点目については、次のように説明している。

これは、暴力行為を、対人関係において他者を無理強いすること、強制的に服従させること、他者の意を無視してその心身を拘束することとして捉えるものである。すなわちここでは、暴力とは、他者に対して直接・間接に無理矢理加えられる強制力であり、その心身の自由を奪う拘束力である。（略）知識の涵養であれ、技術の習得であれ、態度の育成であれ、ある望ましさを実現するための働きかけが、子どもにおける自発性を考慮せぬまま、強制力に訴えて子どもの振る舞いを拘束するとき、それはもはや教育ではなく、教育の否定としての子どもへの暴力にほかならないということになるのである。[6]

以上のような暴力へのまなざしは、教育関係者にとって当然であるどころか、決して侵してはならない絶対的な教育倫理のようなものとして共通理解されているだろう。「だが、暴力を強く否定するこうした教育学的見解がもつ一見したところの確固たる正当性と、その見解を基盤として私たちが暴力問題に対してとる公式的態度の率直さと明解さにもかかわらず、いじめや体罰であれ、生徒間暴力や対教師暴力であれ、教育の場における暴力的現象が依然として後を絶たないのはなぜであろうか[7]」。こう自問したあと、鳶野は次のように答える。

暴力を、見境なき蛮行や愚行として、教育とは無縁なものと見なすとともに、教育によってもっぱら否定し矯正し克服すべきまたしうる対象としてのみ位置づけようとするこうした見解は、教育における暴力的現象をその根源から全体的に捉えるという点できわめて不充分であり、人間に固有な歴史的文化的社会的現象として暴力を多面的重層的に捉えることにおいてはなはだ不徹底だからである。私たちにおける公式的な暴力否定の態度の率直さと明解さは、むしろしばしば逆説的に、私たちの暴力理解における理論的な脆弱性を露呈するものであるようにさえ見える。(8)

この鳶野の見解は、人間存在と暴力性が密接に関わっているという視座に立つ本書の立場からも支持することができる。では、鳶野が考える理論的に脆弱ではない暴力理解とはどのようなものか。さらに鳶野の議論を追ってみよう。

2 教育と暴力の密約的関係

鳶野は、従来型の教育学の暴力理解から距離をとり、「丁寧な眼差しを注いでみると、そこには、教育と暴力との間に結ばれている密約的とも呼びうる親和的関係が潜んでいる(9)」ことがわかるという。

鳶野がいうには、教育とは「目標指向的な営み(10)」であり、それは「望ましい人間(11)」や「望ましい生き方[12]」を目指すものだという。したがって、必然的に「子どもも親も教師も、教育し教育されることを通して自分たちのうちに到達された成果としての「望ましさ」の度合いに応じて位階が与えられる[13]」。つまり、「教育には、価値的目標として掲げられた「望ましさ」へと私たちを強制する力が発現している[14]」のであり、それは、「私たちが教育の営みの内部にあるかぎり、すべからくその「望ましさ」へと向かうべしと強いる力として、まさしく暴力的と呼びうる力[15]」なのである。

ここには、スポーツの理念が指導者と選手を常に不完全な存在と見なすことにつながっていたのと同じ光景があるだろう。教師も生徒も、教育的に望ましいとされている方向に常に位置づけられ、引っ張られているのである。しかし教育の場合、スポーツの場合よりも周到で穏便なものとしてこの暴力性は潜んでいる。鳶野は次のようにいう。

より重要な論点は、教育の営みにもまたこうした強制力としての暴力的なものが働いていることの提示ではなく、教育における暴力的なものを特徴づけている、教育に固有な暴力性についての指摘である。その指摘とはすなわち、教育における強制力として発現するこの力の暴力性には、私たちが暴力についての教育学的見解として上来明らかにした「未熟さ」や「野蛮さ」、「感情的なもの」や「非合理的なもの」のナイーヴで直接的な反映や表出を見いだすことができないということである。(略)この暴力性は、それどころかむしろ一面では、ひじょうに成熟し洗練された作法ときわめて計算された表現によって、その振る舞いや働きかけが相手の心身にもたらす強制的拘束的性格を巧妙に粉飾し隠蔽するということである[16]。

これまで、この密約的関係が暴かれることなく、あるいは、多くの人々が気づいていたにもかかわらず言葉にされることがなかったために、鳶野が批判するような暴力理解が一般的なものとして広がることになったのだろう。もっとも、スポーツに関する暴力の社会哲学を経験した私たちにとって、鳶野の暴力理解批判はもはや驚くものではない。ここからは、この巧妙な暴力性が生徒と教師の自我にどのような影響を与えているのかという問題に移ろう。

3　生徒＝自己規律的な主体

生徒たちにとって、「望ましさ」は、第2章で考察したように、スポーツの場合と同様、学校のなかで生きる際には「規格」としてはたらく。それは、彼／彼女たちのあらゆる行動と精神活動を規定し、方向づけ、形作る。「望ましさ」としての「規格」を内面化した生徒は、「主体の反省性」としての「良心」を形成するだろう。それは、生徒たちが生徒たち自身で自己を反省・製作するという、「自己規律的な主体」のありようである。「生徒らしさ」とは、根源的には、この「良心」が作り出していると考えられる。「良心」が、学校内のあらゆるはたらきかけを生徒たちに内面化させ、それに従って生徒たちは自己を製作していくからだ。ここに、暴力的なものを含んだ、教師たちからのあらゆるはたらきかけへの生徒たちの服従の可能性が生まれている。鳶野はこの点について、運動部活動を例にして、次のように説明している。

大切な競技大会に参加して好成績を挙げることを、目指すべき目標、「望ましさ」として内面化した部員は、その目標実現のために為しうるかぎりの努力と工夫を不可避のものとして自身に課すことの是非についておそらくは疑いを挟まない。（略）顧問の教師やコーチからの、指導という名のもとに展開される、過酷な指示や要請にも聴従することであろう。そしてその指導が、ときには怒声や罵倒も混じった身体的衝突を含む心身への荒々しく激しい扱いとなっても耐えることであろう。（略）逆に、もし教師やコーチが、指導や練習において、部員に対する怒声や罵倒を封印し乱暴な扱いをいっさい排し、終始温和で穏やかな態度で臨むなら、部員のなかには、目指すべき目標としての勝利や好成績獲得への意志や意欲が弛緩した姿をそうした態度のうちに見いだし、「もっと厳しく指導してください」と訴えてくる者がかならずや現れるであろう。目指すべき目標としての「望ましさ」の価値的な重みをいわば身をもって感じ取ろうとして、心身に直に響いてくる激しさや厳しさを、子どもの側から指導に求めてくるのである。(17)

この鳶野の分析は、第2章でスポーツの暴力性と選手の自我への影響を考察した私たちにとっては、既知のことに属する。やはり、学校教育の根源的な暴力性は、スポーツの場面であらわになるのである。

しかし振り返ってみれば、鳶野が問題にしていたのは、運動部活動のような、勝利という明確な目的が存在するために、暴力性が比較的看取されやすい場よりも、その暴力性が粉飾され、目に見えないものとして仕組まれている運動部活動以外の教育的場面だったはずである。もちろん、そこにも運動部活動と同型の暴力性は指摘できるだろうが、それは不可視な次元の問題なので顕在化することなく、気づかないうちに深刻化していくだろう。それは、教師の日頃の努力でどうにかできるといった問題ではなく、まさにこうした議論によって考察・省察すべき問題である。

4 「巧みな回収」と生徒の自我の様相

運動部活動以外のほかの学校生活場面では、スポーツ指導での体罰のような荒々しいやり方は一応、是とはされていない。そこでは、単に勝つことが目標になる運動部活動よりも、生徒の多様なあり方が主体性や自主性を根拠に重視されている。

しかし、すべての生徒たちの多様性をそのまま肯定することが学校教育のなすべきことでは実はない。個々の教師にそのような思いが存在していたとしても、現実的な問題としては、卒業後、社会に出て働くことができたり、他人を大切にできたりするというようなある種の型に向かって生徒たちを引っ張っていくことが、教師たちの実際的な責務だろう。その具体的な場面を、内田は、ある対談のなかで次のように紹介している。

ついこの前読んだのですが、感謝の手紙を書けない子どもがいるというものです。そういう子どもに対しては強制してはなりません、と書いてある。「いいこと言ってるな」と思ったのですが、どうやら話は違っていました。まずはその子に向き合って、「ああそうかー、書けないんだねー。でもほら、この前インフルエンザにかかったでしょう？あのときどうだった？」というふうにして、親の関与についての記憶を引き出していきましょう、ということなんです。[18]」

「感謝の手紙」とは、おもに小学生などが、日頃の感謝の気持ちを両親に伝えるために学校側から「書きましょう」と言われて書くものである。「感謝の手紙」をわざわざ学校が書かせるという暴力性が、そこにはある。これについては、例えば片親家庭の増加などといった社会状況の変化を背景として考えてみるならば、一律にすべての子どもに課すことの問題性は簡単に自覚されるだろう。

しかし学校は、それをやらせたい。なぜなら、それは感動を生むからだ。[19]そして、感動を生むことができれば、生徒たちの心を掌握できると考えているからだろう。

内田の言葉に対して大内は、「より「巧みな回収」をするという方向に行くのですね[20]」と反応している。だが、単に学校や教師が巧みなのではない。機知に富む生徒であれば、そのような教師のはたらきかけをばかばかしく感じていてもおかしくはないだろう。「巧みな回収」が巧みであるためには、生徒の「良心」が機能していることが必要不可欠である。教師が常に巧みであるのなら、論理的にいって「巧みな回収」が常にありえていなければならない。いうまでもなく、そのような現実はない。

たとえ、教師の言うことに対して何らかの違和や苦痛を感じたとしても、「良心」が生徒たちに、「学校の先生が言っていることなのだから、一応聞いておくべきかもしれない」と感じさせる。「明らかに先生が言っていることはおかしい」といったひどい場合でも、「ここで反抗したら怒られるし、生徒指導の怖い先生に呼び出されてしまう」といった具合に自分の内面だけですべてを処理して納得していく。教師からのはたらきかけを甘受することは、生徒たちにとって学校で生きていくためのある種の積極的な努力なのだ。ここには、生徒たちの非常にメランコリックな自我がある。このメランコリックな自我は、体罰のような暴力的な教師のはたらきかけまでをも甘受してしまうのかもしれない。

学校教育の根源的な暴力性と、生徒の「良心」を利用した教師の「巧みな回収」。これらが、生徒の自我を非力なものに作り上げている。そしておそらくは、この非力な自我こそ、教師たち、ひいては大人たちが「いい子」と呼んでいるところのものなのである。

5 「巧みな回収」を目指す教師——その失敗と暴力への可能性

学校教育が根源的に暴力性をはらんでいるとするならば、教師もまたその影響下にある。生徒の場合と異なるのは、生徒が暴力性の受け手だったのに対し、教師は、暴力性を生徒に向けて発現するひとつの媒体だという点である。学校教育の暴力性は、教師の身体を通して現実化する。そのひとつの典型が体罰である。しかし、「学校教育が根源的に暴力性をはらんでいるから、教師も暴力的になるのだ」と簡単にいってしまえるほど問題は単純ではない。

前節でみたように、学校は基本的には、自らその暴力性をあらわにするようなことはしない。それは教育的にあってはならないからだ。したがって、むしろ、その暴力性が顕在化しないように、いわゆる教育的配慮なるものを考案し、服従と強制を避け、できるだけ生徒の主体性・自主性を尊重しようとする。それは、先の内田の紹介にもあったように、「巧みな回収」を目指すことを意味している。

大内と内田は「巧みな回収」という言葉にある種の揶揄を込めているようだが、しかし、暴力性が顕在化しないようにする教師の努力それ自体は決して否定されるべきではないだろう。よくわきまえている教師ならば、自覚的に努力している点でもあるはずだからだ。学校教育は本質的に生徒をある方向へ引っ張っていくものであることを自覚していれば、まさにその字義どおりに「巧みな回収」を適切な場面でおこなうべきだともいえるのである。

むしろ、「巧みな回収」が問題になるのは、「巧みな回収」こそが真に教育的な接し方であり、それができる自分こそが教師として立派なのだと思い込んでいる場合である。そのような思い込みは、体罰などの暴力的な振る舞いへとつながる可能性をはらんでいる。

「巧みな回収」が成立するためには、教師は生徒を必要とする。「巧みな回収」は、ほかでもない生徒を回収するためのものだからだ。しかし、この回収は巧みに遂行されなければならない。巧みになさなければ、それは教育的な失敗を意味するのであり、それはとりもなおさず、教師たちに対し、その教師性を失ってしまうことを突き付けるのである。しかし巧みにできなかった原因が自分自身にあると理解しているのならば、この教師はまだ暴力的にはならない。自分自身が原因であるにもかかわらず、それを気に病んで暴力的になることは、最も非教育的であるからだ。

この教師が暴力的になる場合は、むしろ、自分の「巧みな回収」がうまくいっているはずだと力んでしまっている場合である。

どんな教師にとっても、生徒は完全には統制することが不可能な絶対的な他者である。したがって、Aという生徒にうまく実施することができた「巧みな回収」が、Bという生徒には全く通用しないということが十分にありうる。しかしなぜ、この教師は同じ「巧みな回収」をおこなってしまうのか。相対している生徒は異なるはずなのに。それは、この教師は、「巧みな回収」ができる自分こそが教師として立派だと思い込んでいて、Aに対しておこなった「巧みな回収」の成功とそれをおこなった自分を、そのままBと接するときにも引きずってしまっているからなのだ。

つまりこの教師は、うまくいったときの自分にすがりついているのであり、そうではない自分を教師として認めたくないのである。うまくいかない体験を繰り返すと、この教師は教師であるはずの自分の教師性を感じられないようになっていく。つまり、自己保存の危機、あるいは崩壊である。自己保存の危機に面したとき、この教師は体罰などを用いて暴力的に振る舞う。なぜなら、生徒に対して暴力的に振る舞うことができるのは、根本的にはやはり彼／彼女が教師だからであり、暴力を振るうことによって自己保存の危機とそれに伴う精神的不安定を補おうとしていると考えられる。教師の自我は、学校教育の暴力性と教育的配慮、そしてその両面を首尾よく統合した自己像の間で揺れ動き、葛藤しているのである。

6 根源的な暴力性を超えて考えるべきこと

ここまで、鳶野の議論を起点にして学校教育の暴力性と、それが生徒と教師の自我に及ぼす影響について考えてきた。しかしながら、それらの問題は、別の形ではあるが、例えば代表的にはフーコーやイリイチらがすでに指摘している。[21] 彼らが考えた問題は、いわゆる近代教育批判として受け止められている。現代の教育（哲）学はこの近代教育批判を受け止めたうえで、教育の新たな理念や姿を提示しようとしている。ここでは、今井康雄の『ヴァルター・ベンヤミンの教育思想』[22]や田中智志の『他者の喪失から感受へ』[23]、さらには池谷壽夫の『〈教育〉からの離脱』[24]などを挙げることができるだろう。

広田照幸がいうように、それらはたしかに「挑戦的でずいぶん面白い」[25]のだが、しかしながら、その理論が現実に下り立ったとき、どのような抑圧や暴力的な状況が生起するのか、つまり、その理論の「規格」としての妥当性が十分に吟味されていないように思う。

広田は、「規格」の再措定の危険性を自覚しながら、学校教育の新しい姿を慎重に探ろうとしている。彼は『教育』のなかで、学校教育という営みが抑圧的にならざるをえないことを自覚しながらも、多元的な未来社会像を描き、そこからどのような未来を選び取ることが最善なのかという方向性の議論[26]を企てている。その企ては、『教育』の一年前に出版している『教育には何ができないか[27]』にもみることができる。

広田の問題の捉え方は、例えば、教育の独善性を批判したあと、マルティン・ハイデッガーの哲学を教育理念にスライドさせてしまうかのような田中の観念的・思弁的な議論[28]よりは、学校教育が現実的に果たしている社会的機能を考慮に入れている点で、学校教育とそれを取り巻く現実にコミットしたものになっている[29]。

しかし広田の議論には、誰が多元的な未来を思い描くのか、そして、誰がその多様な未来から望ましい未来を選び取るのかという課題が厳然と横たわっている。少なくとも、そのような課題を乗り越えるための高次な思考が子どもたちに可能とはいえない。したがって、やはり「大人たち」が考慮・決断していく問題になるほかないだろう。この「大人たち」とは、教育(哲)学者、教育行政家、現場の教師、保護者などであり、つまり広義の社会である。

社会が未来を選定すれば、それに連動するように教育目的が設定され、子どもたち(あるいは、教師たちにも)に新たな「規格」が課されることになるだろう。広田は、「教育の領域に関しては、「教育」という営みが本来的に規律・訓練的権力であること、パターナリズムが一定程度必要とされる未成年者を主たる対象にしていること、多くの問題の解決策が心理主義的なフレームで考えられてきていることなどによって、学校やその他の青少年に関わる諸装置は、規律訓練の機能を果たし続けることになるだろう」(30)と述べ、私たちの自覚を促している。

私たちが学校教育を立ち上げるとき、何らかの「規格」の設定が避けられないことは宿命なのである。したがって、学校の暴力問題を解決に導く糸口を探る私たちとしては、ある学校教育制度のもとで生み出される抑圧的状況、つまり暴力性のなかでどのように生きていくのかを考えることが重要になってくるのである。それは、大味で短絡的な学校改革論などではなく、学校で展開する人間関係の暴力性とどのように折り合いをつければいいのかという問題を考えることなのである。

注

(1) 前掲「暴力の教育的擬態を超えて」一一五ページ
(2) 同論文一一五ページ
(3) 同論文一一六ページ
(4) 同論文一一六―一一七ページ
(5) 同論文一一七―一一八ページ
(6) 同論文一一八ページ
(7) 同論文一一八―一一九ページ
(8) 同論文一二〇ページ
(9) 同論文一二一ページ
(10) 同論文一二二ページ

(11)同論文一二一ページ
(12)同論文一二一ページ
(13)同論文一二二ページ
(14)同論文一二二ページ
(15)同論文一二二―一二三ページ
(16)同論文一二三ページ
(17)同論文一二四―一二五ページ
(18)大内裕和/内田良「「教育の病」から見えるブラック化した学校現場――「感動」「一体感」「理不尽さ」を問い直す」「現代思想」二〇一六年四月号、青土社、四五―四六ページ
(19)同論文四四ページ
(20)同論文四六ページ
(21)前掲『監獄の誕生』、イヴァン・イリッチ『脱学校の社会』東洋/小澤周三訳(現代社会科学叢書)、東京創元社、一九七七年
(22)今井康雄『ヴァルター・ベンヤミンの教育思想――メディアのなかの教育』世織書房、一九九八年
(23)田中智志『他者の喪失から感受へ――近代の教育装置を超えて』(教育思想双書)、勁草書房、二〇〇二年
(24)池谷壽夫『〈教育〉からの離脱』(シリーズ現代批判の哲学)、青木書店、二〇〇〇年
(25)広田照幸『教育』(思考のフロンティア)、岩波書店、二〇〇四年、六ページ
(26)同書八―一〇ページ
(27)広田照幸『教育には何ができないか――教育神話の解体と再生の試み』春秋社、二〇〇三年

(28) 前掲『他者の喪失から感受へ』
(29) 例えば以下の記述から、そのことがわかるだろう。「まだよくわからないからこそ、本人の「学びたい欲求」とは別に、基礎的なことを一通り勉強しておく必要がある」(前掲『教育には何ができないか』一三一ページ)、「経済はますます知識集約化の方向に向かっているから、「勉強がいやならやめればいい」という判断は、自分の将来にも社会の未来にも希望を持てないような、不遇な位置に、多くの若者を追いやるものでしかない」(同書一三三ページ)、「だが、実際には、社会の維持・存続にとって、もはや公教育は不可欠な存在になっている。ここ数十年の間に、公教育システムは、経済や政治のシステムと密接な関係を強めてきた。教育システムの周辺部で起きている揺らぎは、システム全体を無効化するわけではない。現在の公教育が様々な「問題」を抱えているのは事実だとしても、過度に悲観的な論評や、公教育が実際に果たしている役割の過小評価が、横行しすぎているように思われる」(同書一三六ページ)。こうした発言は、私たちの肌感覚にフィットするものがあるだろう。
(30) 前掲『教育』七三ページ

第7章　教師―生徒関係の暴力性

本章では、教師―生徒関係の暴力性のありようを探求してみよう。その際、具体的な問題として念頭に置くのが体罰である。体罰は、教師―生徒関係の暴力性の表出の典型である。したがってここでは、体罰に関する議論に言及しながら、教師―生徒関係の暴力性について検討していく。

1　近代教育と暴力

近代教育のてことしての体罰

まずは、次の文章を引用することから始めよう。学校への価値判断を停止して、丁寧に読んでもらいたい。

それ〔体罰：引用者注〕は、整然と組織された制度として、もっぱら学校に源を発しているのである。（略）体罰は、学校が出現してはじめて常規となり、訓練法の基礎になったのであって、数世紀にわたって体罰は学校と共に発展していったのである。学校生活がよりいっそう豊かになり、複雑化し、組織化されるにしたがって、体罰の内容はいよいよ豊かになり、それはますますしげく用いられるようになった。学校の本質の中の何物かがこの種の罰の傾向を強めているために、一旦確立されるや体罰は、あらゆる抗議やたび重なる法的禁止にもかかわらず、何世紀もの間存続していたのである。（略）学校の本質自体の中にこのような傾向を生みだす何らかの要因がひそんでいることは間違いない。(1)

この記述は、エミール・デュルケムによるものである。ここで言及している「学校の本質」とは、「文化がますます複雑になるにつれて、これを確実に伝達するにはもはや自然の成り行きに任せておくだけではすまされなく(2)」なり、「人為的な介入がどうしても不可欠となる(3)」という、近代教育の特徴のことを指している。近代教育のこの特徴は、「ある一定の段階にまで子どもの成長を人為的に速めることを目指しているから、必然的に子どもの自然の上に暴力を加える(4)」ことになる。私たちはデュルケムの指摘から、近代教育と体罰が密接に関わっていることを教えられるのであり、近代以降の教師―生徒関係には、根源的に暴力性が内在していると考えることができる。そして、そのことを実証的に明らかにしたのが寺崎の体罰史研究である。

体罰史にみる近代教育と体罰のひとコマ

寺崎は『イギリス学校体罰史』[5]で、イギリスで一八六〇年に起きたある学校体罰死事件に注目し、この事件を引き起こしたトーマス・ホープリーという教師の「教育関係意識」[6]と体罰への認識のありようが、ジョン・ロックの近代教育理論に深く根ざしたものだったことを指摘する。そして、そのロックの教育理論は、「最後の手段 last resort」[7]として体罰を認めていたことを、鮮やかに描き出している。一人の教師の教育観と体罰観がどれだけ近代教育思想（的な発想）によって基礎づけられているのか。そのことを描き出す寺崎の論述はきわめて詳細だが、以下に寺崎の論述を簡潔にまとめてみよう。

ロックの『教育論』には体罰を否定するような記述がある一方で、反対に体罰を肯定するような論述もまた確認することができる。体罰の否定と肯定。相反する立場がなぜロックのなかに併存していたのか。寺崎はそこに、ロックの微妙な論理展開をみる。すなわち、奴隷的な身体的罰は否定されるべきだが、そうではない身体的罰はむしろ正しくおこなわれなければならないというロックの懲罰論、およびそれが彼の教育思想全体とどのような関係にあるのかという問題[8]である。

ロックの『教育論』を教育論たらしめている基底は、親がその権威を子どもの上に確立していることである。子どもの上に親の権威を確立するというのは、子どもの精神に対する権力の確立であり、親の意志への完全な従属である。この親子関係を根底に想定し——また実現しなければ——近代的な社会の構築はありえなかった。ロックによれば、鞭打ちは「強情」「反抗」「頑固」「強情な不従順」に対してなされる「唯一の療法」なのである。[9] 換言すれば、「意志の強情さ」ともいえるそれらの性質は、親の権威に真っ向から対抗するものと把握されていたのだ。この「意志の強情さ」は、「両親の意志への完全な従属」という『教育論』の前提を脅かすものである。したがってその場合には、「力と打撃」で子どもを制圧しなければならない。「言うことを聞かない」という「規格」からはみ出てしまう子どもの存在は、現実的にだけでなく、理論的にも親の権威を、そして（ロックの近代）教育（論）の成立を脅かすのである。

しかしロックは、「奴隷的身体的罰」を否定していた。だがそれは、彼が単純な体罰否定論者だったからではない。「意志の強情さ」を変えることは「奴隷的身体的罰」では不可能だからである。したがって、「意志の強情さ」をめがけて、かつ、それを消滅させるような体罰が要請されなければならない。ここに、体罰が単なる身体的な苦痛を与えるものではなく、「意志の強情さ」という子どもの内面性に対する罰としておこなわれる行為だという、近代教育と体罰との密接な関係が確認される。

ロックが挙げる体罰の具体的な様態は鞭打ちだが、そこでは「打たれるという恥ずかしさが罰の最大の部分であるべきで、その痛みがそうであってはならぬ」のである。ここに、身体的苦痛は恥という精神的苦痛に取って代わられる。「鞭の痛みは、もし恥が伴わぬなら、すぐ消失し忘れられ、慣れると早くその恐ろしさを失う」「懲罰に値することの恥ずかしさこそが、徳につきものの唯一の真の拘束なのである」。このように、『教育論』の根幹を脅かす「意志の強情さ」に対する「唯一の療法」は身体的苦痛ではなく恥に訴える鞭打ちなのである。ロックにとっての鞭打ち（体罰）の意味づけは、外面的（＝身体的）罰から内面的罰へと鮮やかに転回していることがわかる。

さて、事件を起こしたホープリーは「克服されるべきであったのは算数などではなく強情だった」と供述している。つまり、ホープリーにとっても鞭打ちの標的は「強情さ」だったのである。彼は、そのような「邪悪な気質を屈服させる」ために、打擲を回避するわけにはいかなかった。また、ロックが鞭打ちの意味づけを外面的罰から内面的罰へと転回させた際に「恥」に言及したのと同様に、ホープリーは「痛みは彼のなかにキリスト者的恥の感覚を呼び起こす」という。そこには、「悪の道からこの少年を治療し救出する」という、教育者ホープリーの信念があった。

現代の体罰肯定派の論理に、いや、それだけでなく、私たちの教育の論理の根底に、これと同じ理屈が含まれていないとはたして断言できるだろうか。もちろん、否だろう。寺崎は日本の学校体罰史も概観して、イギリスと同様の事情（教育の最終手段として体罰を容認するような姿勢が一般化していること）があると指摘している。(10) そして、寺崎は、結論的に次のように述べている。

体罰を容認する教育への構えはけっして前近代的なそれではないということ、つまり、体罰それ自体はアリエスの指摘にもかかわらず近代以前から存在するが、いまわれわれが面している体罰はむしろすぐれて近代的な教育への構えのなかに意味づけ直されたものであること、を強調しておく必要があろう。(11)

このように、近代教育の暴力性、またそれが生み出す教師―生徒関係の暴力性は、デュルケムと寺崎がそのありようを描き出している。したがって、教師―生徒関係での暴力性を顕在化させないためには、論理的に考えて、近代教育の特徴を乗り越えなければならないということになるだろう。それはすなわち、学校教育の規律・訓練性を乗り越えるという課題でもある。[12]もっとも現代の教育(哲)学は、多かれ少なかれこの問題に関わらざるをえない状況にある。

規律・訓練批判を超えて

しかし、「規律・訓練性を乗り越えなければならない」という議論の方向性は素朴すぎるのではないだろうか。そこには、スポーツ集団の規律・訓練性を乗り越えようとする議論がはらんでいた陥穽と同じ困難を指摘することができるだろう。すなわち、近代教育や体罰の問題性を規律・訓練性の問題として捉え、それを乗り越えるべく新たな教育を構築したとしても、それが新たな規律・訓練的権力になりかわることは容易に考えられるのである。フーコーの規律・訓練概念は、学校教育を含めた私たちの人間社会が何らかの形で抑圧を生み出してしまうことを示したものではなかったのか。

いずれにせよ私たちは、規律・訓練批判という方向性の重要性を認めながらも、教師―生徒関係の暴力性という、より根源的な問題に迫っていかなければならない。

2　子どもの他者性の尊重＝教育の不可能性の尊重？

田中は、教師が子どもを「操作可能な存在」と見なす点に、体罰が発生する根源的要因を指摘し[13]、そうではなく、子どもの他者性を重視するべきだと主張している[14]。そして「教育にかんする議論の多くは、教育方法にかんするものである。教育論といえば、結局、教育方法論だった[15]」と述べているが、彼はこの指摘を『他者の喪失から感受へ』の「子どもはコントロールできない[16]」という節の冒頭でおこなっている。「子どもは、教師にとっても絶対的な他者であり、子どもをコントロールしようなどということ自体が誤りであり、教育方法などという目先の問題ばかりに拘泥する」ことが暴力につながるのだ[17]、ということを田中は訴えたいのだと思われる。

また丸山恭司は、教師が子どもにはたらきかけようとするときに前提にされている「教育は善いものだ」という思いなしが、「教育の悲劇性」、つまり教師の暴力的な行為が教育愛という名で隠蔽されるような事態を引き起こしていると指摘している[18]。そして丸山も田中と同じく、子どもの他者性を重視すべきだと主張している[19]。それは「子どもを届きえていないかもしれない他者」として受け止めることであり、それによって子どもを教師の一方的な表象で処理することがなくなり[20]、教育愛という名で教師のあらゆる行為を正当化することがなくなるような可能性が考えられている。丸山は、教育の暴力的・悲劇的な性格をコロニアリズム的だとまでいっている[21]。

子どもの他者性を主張する田中と丸山の議論は、それなりの魅力をもつ方向性ではあるだろう。しかし、その方向性に対しては慎重にならなければならない。

田中も丸山も、「子どもの他者性」の重要性を強調している。彼らは教師の行き過ぎた振る舞いを防ぐための倫理としてそれを強調しているのだが、一方で、子どもの他者性とは、教育の実践がいつも教師の思いどおりにはならないものであることの根本的なファクターでもあるだろう。そうなると、子どもの他者性を尊重することは、田中と丸山の意図とは裏腹に、教育の悲劇性・不可能性をむしろ強調することになってしまう可能性もはらんでいるのではないか。暴力性を高めないようにに子どもの他者性を尊重するのならば、究極的な結論として、子どもたちを放任しておくだけという選択肢が待ち構えているともいえるからだ。要するに、「どうせ子どもは完全には知りえない他者なのだから」という自暴自棄に似た姿勢が生まれてしまう可能性である。この意味で、子どもの他者性の尊重を説きながら教育の放棄を主張していることになると、論理的には指摘できるだろう。いうまでもなく、教育をやめてしまえば、当然のことながら教師による体罰が起こることなどないのだから。

だが、現場の教師たちにとって、体罰を未然に防ぐために教育をやめるという選択は、もちろんありえない。教師による体罰問題だけでなく、様々な暴力問題を解決していくための倫理として他者の尊重という方向性がありうるのだとしても、学校という場では、にもかかわらず教師には生徒に関わっていくことが求められる。そこが教育実践の難しさである。「子どもの他者性」という視点は、教育という営みの成立の不可能性までをも示唆できるのであり、かえって教師たちを追い込んでしまう可能性さえもっているのではないだろうか。

いずれにせよ、体罰などの教師の暴力性が問題になるのは、教師が生徒に積極的に関わらざるをえない学校教育の現実があるからである。石垣健二らがいうように「教育という営みは、まさにその異質性〔子どもの他者性：引用者注〕を同質性へと変容させようとする営み」(22)にほかならないのだから、教師たちはどうしても暴力性を発揮しなければならない困難を抱えているのである。田中と丸山の指摘の重要性は否定されないにしても、暴力という過酷な現実に力強く立ち向かっていくためには、次のような広田の見解に、より注目すべきではないだろうか。

どのように「教える」行為を正当化したとしても、「学ばない」者は存在し続けるし、システムの隙間でいじめや非行をやる者は存在し続ける。それは、人間が本源的にもつ自由に由来している。また、何かを教えるという行為は、常に別の何かを学ぶ機会を、子供から奪うものでもある。だから、「教える―学ぶ」関係を成立させようとするミクロなレベルでの努力もまた、それによって何を実現しうるのかという点と、その代償として何を犠牲にしたり失ったりしているのかという点との両面を比較考量されるべきこと、その比較考量の結果として敢えて意識的に発動された権力形式であるべきことが、理解されねばならないであろう。(23)

学ばないことやいじめが本源的には人間の自由に由来していること、そして、何かを教えることは別の何かを教えないことだということ。ここには、教育への冷厳な広田の認識がある。暴力の根源をにらむ本書の立場からすれば、田中や丸山のように倫理的な議論を立ち上げるよりは、教育の現実への毅然とした認識を示す広田のような議論のほうが現実にコミットしているようにみえる。例えば、丸山が「教育はコロニアリズムだ」と嘆いたとしても、広田は冷静に「それも教育のひとつの側面として自覚すべきだ」というのではないだろうか。

3 教師という存在の本質に関わる暴力性

現実により根を下ろした言論を展開しているのが諏訪哲二と小浜逸郎である。彼らの議論は、戦後民主主義が生み出した学校教育に対する神話・幻想を打ち砕くことを意図している。彼らは、小浜の言葉を借りれば、学校「言説上の病理」(24)を診断し解体しようとしているのである。彼らの言説は過激にもみえるが、教師―生徒関係の暴力性に的確に迫っているものだと思われる。

諏訪は次のように述べている。

教師たちは、まだ何も知らない、何も本心から了解していない段階で、生徒たちの頭上に暴力的に現れて彼らを支配するのである。教師と生徒との関係、つまり、学校における基本構造としての教師と生徒の関係は、最初から暴力的に形成されるのである。(25)

教師は、当該の生徒たちが認めようと認めまいと先験的な権力をもっているし、そうでなければならない。だから、教師は生徒にとって本質的に暴力的な存在なのである。この際、物理的な暴力を使うか使わないかは枝葉末節の問題である。学校におけるひととひととの関係において、教師は生徒と同等ではないばかりではなく、「生活」「学習」の両面で先験的な指導権を持っている。[26]（傍点は原文）

教師と生徒との関係は、いままで述べてきたように、初発の関係として暴力的に設定されている。これはいわば、ひととひととの関係性において、教師は生徒の「上位」にセットされているということであり、このような関係性の設定は絶対に必要なことなのである。[27]（傍点は原文）

小学校はともかくとして中学・高校で「安定している」学校には、体育教師であれ誰であれ、暴力的・威圧的に生徒たちのエゴを抑えつけているちからが必ず働いている。教師たちの多くが、そのようなちからの必要性を認識し、それぞれの力量に応じて威圧性を示し得ているところでは、「暴力教師」が突出する必要はない。（略）ここで「暴力教師」という言葉を使ったが、暴力は振るわなくてもいいが、ある種の「ことば」ではないちからによって学校を制圧している教師（たち）がいなければ、学校は間違いなく大荒れになるのである。[28]（傍点は原文）

これらは、諏訪の『反動的！』にみることができる。同書を、小浜は自身の『学校の現象学のために』[29]と並んで「学校言説の世界に風穴を開けた画期的な本である」[30]と高く評価している。人間存在が本質的に暴力的存在だという認識に支えられている本書の立場にも、諏訪の指摘は重なるだろう。

さて諏訪は、教師という存在の暴力性は学校秩序のためにどうしても必要なものだと主張している。諏訪が指摘するこの暴力性は、学校教育という営みが教師という存在にもたらしているものとして、構造的な問題という面が強いといえるだろう。しかし、教師—生徒関係の暴力性は、諏訪が指摘するこの構造的な側面しかもたないのだろうか。諏訪の指摘から想像できるのは、教師という職務に純粋・忠実であろうとする者が、おもに学校の規律維持のためにその暴力性を発揮しようとする姿だが、教師という存在の暴力性はそのような側面に尽きないところがある。小浜の次の指摘は、そのことを示している。

> 異常なほどに細かい校則チェックや体罰のヒステリックな行使は、権力というものの本質的な浸透を意味するのではなく、むしろ人間（ここでは生徒集団）を精神的に掌握することが不可能になったために、一種の個別対応への拡散と解体を強いられた、いわば権力の敗北過程を示すものだということである。[31]

諏訪の視界からは、体罰などの教師の過剰な行為は教師という存在の暴力性が順接的に現実に現れたものだと考えられるだろうが、ここでの小浜の指摘は、むしろ、教師の権力性が失われたとき、その権力性をまさに暴力的に回復しようとするヒステリックな教師の姿を描き出している。もっとも、そのヒステリー性も、学校教育が教師たちに教師であろうとすることを強烈に促す制度であることによるものであることはいうまでもないだろう。

4 教師という存在の暴力性とその病理

諏訪と小浜の論調には強烈なものがあるが、そこには「学校や教師はこうあるべきだ」という像を現実に押し当てるだけの、かなり程度の悪い学校言説が氾濫してきたことへの強い問題意識がある。彼らの論調には、教師の暴力性を擁護する姿勢を看取できそうだが、その動機を考慮に入れたとき、それは見当違いだといえるだろう。彼らは極端でナイーブな学校言説空間を懸命に解体しようとしているだけなのであり、したがって、例えば、すでに暴力を振るっている教師たちが、自分自身の暴力の正当化のために彼らの議論を援用・利用することなどあってはならない。

とはいえ、教師—生徒関係での暴力性は、諏訪と小浜が指摘するような学校教育の本質的な暴力性に関わるものに限るのだろうか。諏訪と小浜の議論から想像される教師の暴力性は、ある意味ではきわめて回避しづらいものだという側面を有しているように思える。

だが、やはり狂気的で何としても防がなければならない教師の暴力も現実には存在しうるのであり、そのような暴力については、仕方がないと認めるわけにはいかないだろう。すなわち、学校教育の本質的な暴力性だけに回収しえないような、教師存在におけるエロス的なレベルでの暴力性というものが考えられるのではないだろうか。そのことを考えるには、諏訪と小浜のように、学校教育の暴力性をめぐってではなく、教師になろうとする人々の生を問題の出発点としてみなければならない。

そもそも、いったいなぜ人は教師になろうとするのだろうか。この問いに対するひとつの答えとして考えられるのは、第2章でも参照したバトラーの指摘、すなわち、人間は何らかの形で世界に存在したいという自己保存の欲望を有しているという人間理解[32]である。もちろん、この自己保存の欲望が教師になりたいという欲望にそのまま展開していくわけではない。この世界における存在の仕方は、教師以外でも当然ありうるからである。では、ある者は、なぜ自己保存のために、つまり、生きるために教師という道を選ぶのか。それは、ある特定の人々の目には教師という仕事（あるいは存在）が自己保存のための「安住の地」に映るからではないだろうか。

諏訪が述べているように、教師という存在は暴力的に子どもの上に設定されている。その暴力は、教師になろうとするその者に、まさに暴力的にその地位を与える。その地位は暴力的に守られているために、彼／彼女の目には絶対的な地位・存在として映るのである。自己保存の「安住の地」とは、この意味である。

つまり、教師になろうとする者たちは、その地位が暴力的に設定されてかなり強度にそれが守られている教師という存在に、自己保存の欲望の達成の確実さを感じ取るのである。それは、彼らの教師という存在へのある種の執着心を形成するだろう。そのようにして教師になった者たちは、どのような危機からもその地位を確実なものにしておかなければならない。教師への執着は、教師としての自己が否定される可能性への不安と表裏一体になっているのである。

したがって教師たちは、どんな場面でも自己が教師として十全な存在であるように、かなり気高い自己理想を自己の内部に措定する。そして彼／彼女は、教師という牙城に立てこもる一人の絶対者のようになり、その暴力性を極度に高める。では、この教師は、どのようなメカニズムでその暴力性を発現するのか。そのことを理解するためには、第3章でおこなった、スポーツ指導者の体罰の心的メカニズムに関する議論が有効になるだろう。すなわち、自己保存のために教師になった者は、自己保存のために自己理想を設定する。その自己理想は、当然、生徒との関係を無視できない。より多くの生徒に慕われなければ、彼／彼女の教師としての自己は形成できないからであり、それなしでは自己保存の欲望が満足しないからだ。

そのため彼／彼女の自己理想は、生徒たちと出会うたびに膨れ上がっていく。この膨れすぎた自己理想は、どんな危機からも守られなければならない。学級経営の行き詰まり、生徒の反抗、ほかの教師からの批判などは自己理想の危機であり、自己理想への批判である。このとき、この教師は体罰など有形力を行使して懸命に自己理想を守る。教師存在に執着する彼／彼女にとっては、生徒との関係よりも自己と自己理想との関係のほうが重要だからである。「根っからの教師である人間は、あらゆる事柄を自分の弟子との関係においてだけ真剣にとる、――自己自身をすらも」[33]。このニーチェの言葉は、教師の暴力を念頭に置いたとき、不穏な響きをもつだろう。

体罰のような暴力的な振る舞いをする教師の存在の根底には、自己保存の欲望とそこから派生する暴力性がうごめいている。しかしそれらは、単に無法なものとしてあるのではなく、教師としての存在が現実的に許容されるための政治的な欲望に変換させられてもいる。もちろん教師に限らず、私たちは程度の差はあれ、そのようにして生きているだろう。ただ単に自分の欲望を無法に放出することは許されていない。しかし、教師という地位は、暴力的に生徒の上位に設定されている。昨日まで知らなかった人を、生徒たちは突然に「先生」と呼び始めるのだ。教師というこの安住の地で、自己保存の欲望は燃え上がるだろう。体罰のような暴力的な振る舞いと教師の生は密接に関わっている。ここに、いくら糾弾されても体罰が解決しない根源的な要因を認めることができるだろう。(34)

注

(1)デュルケム『道徳教育論2』麻生誠/山村健訳(「世界教育学選集」第三十三巻)、明治図書出版、一九六四年、七一—七二ページ

(2)同書七三ページ

(3)同書七三ページ

(4)同書七三ページ

(5)寺崎弘昭『イギリス学校体罰史——「イーストボーンの悲劇」とロック的構図』東京大学出版会、二〇〇一年

(6) 同書二五四ページ
(7) 同書一八二ページ
(8) 同書一七二―一七六ページ
(9) 同書一七八ページ
(10) 同書二二三―二五四ページ
(11) 同書二五四ページ
(12) 同書一八一ページ
(13) 前掲『他者の喪失から感受へ』九一ページ
(14) 同書一三五―一五六ページ
(15) 同書一ページ
(16) 同書一ページ
(17) 同書二―九ページ
(18) 丸山恭司「教育現場の暴力性と学習者の他者性」、越智貢／金井淑子／川本隆史／高橋久一郎／中岡成文／丸山徳次／水谷雅彦編『教育』(「岩波応用倫理学講義」第六巻) 所収、岩波書店、二〇〇五年、一一六―一三〇ページ
(19) 同論文一三〇ページ
(20) 同論文一三〇ページ
(21) 丸山恭司「教育という悲劇、教育における他者――教育のコロニアリズムを超えて」「近代教育フォーラム」第十一号、教育思想史学会、二〇〇二年、四―五ページ
(22) 石垣健二／深澤浩洋／関根正美「教科体育における「超越論的他者」の措定――身体的な「われわ

れ」の成立」「体育学研究」第五十二巻第四号、日本体育学会、二〇〇七年、三三一ページ

(23) 前掲『教育には何ができないか』二五七ページ

(24) 小浜逸郎『症状としての学校言説』JICC出版局、一九九一年、九ページ

(25) 諏訪哲二『反動的！——学校、この民主主義パラダイス』JICC出版局、一九九〇年、一四一—一五ページ

(26) 同書一七ページ

(27) 同書一八—一九ページ

(28) 同書二四ページ

(29) 小浜逸郎『学校の現象学のために 新装版』大和書房、一九九五年

(30) 前掲『症状としての学校言説』一五九ページ

(31) 同書一六八—一六九ページ

(32) 前掲『権力の心的な生』一六ページ

(33) フリードリッヒ・ニーチェ『善悪の彼岸 道徳の系譜』信太正三訳（「ニーチェ全集」第十一巻、ちくま学芸文庫）、筑摩書房、一九九三年、一一九ページ

(34) 体罰問題とは異なるが、本章の議論からは、昨今、盛んに叫ばれている教師の働き方改革について、次のような批判的な指摘をすることができるのではないだろうか。すなわち、教師たちはみんな、本当に以前から働き方改革のような職場改善を望んでいたのだろうか、という問題提起である。もちろんそういう教師たちもいただろうが、ここではそうではない教師、つまり働き方改革に逆行するような発言をおこなっているような教師を問題にしたい。

彼／彼女たちにとって、教師という仕事は単に機械的にこなすものではなく、むしろ自分自身の人

生をかけた、したがって生徒に対しても自分自身に対しても、命をかけなければならない仕事なのだろう。そこには、「教師には生徒を育てる大きな責任がある」といったことが信念としてある。この信念が過剰にはたらけば、定時勤務などばかげているということになっていく。そうなると、彼／彼女たちの視界には、定時勤務を守る教師たちが教育に不熱心にみえることはいうまでもない。生徒のために全力を尽くす。そこに、定時への配慮など入り込む余地などなくなる。

この理屈は、教師たちにとって反論しづらい威力をもっているだろう。それに反論することが、「私、やる気ありません」という意味で受け取られてしまいかねないからだ。たしかにこれは深刻な問題だし、現在の教師たちの労働現場を過酷なものにしてきたことは想像にかたくない。したがって、学校での労働環境の改善は、この教育的風土にもメスを入れていくことになるだろう。教育関連諸学の研究者たちにも、その方向に従って声を上げている人々がいるようである。

しかしながら、その方向性に沿った改善対策の究極の論理的な帰結は、「教育に熱意を感じるな」になってしまうのではないだろうか。授業研究という非常に難しい問題を抱え、それに真摯に向き合った結果として残業が増えたとしても、急進的な改革派からすればそれは「一生懸命やりすぎだよ」ということになる。ここには微妙な、しかし深刻なずれがある。その教師の残業は、授業改善のための努力に時間がかかりすぎてしまうためであって、その教師に与えるべきアドバイスは「早く帰りましょう」ではなく、授業研究の重要なポイントかもしれないし、そのために必要な文献の提示かもしれない。それにもかかわらず、仕事を切り上げることを強く促された場合、その教師にとっては授業研究がうまくいっていないことのほうがプレッシャーになってしまわないだろうか。

もちろんこれは、非常に簡単な反省にすぎない。しかし、改革派の人々の発言や振る舞いを様々な場面でみていると、改革という大きな動きのなかで見失ってしまっているものがあるように感じることがある。「そんなことはない」と彼／彼女たちは言うだろう。しかし、本章のような根源的なレベルから教師という存在の特徴を捉えてみた場合、労働現場としての学校の改革も、教育現場としての学校の改善も、決して一義的にはなされるものではないし、またそうされるべきでもない。改革という名の下で、教師たちの真摯な努力までもが歪められてしまうことへの注意を、ここでは喚起しておきたい。

第8章　生徒間関係の暴力性

1　いじめ論のパターン

いじめに関する研究は、すべてを網羅し尽くすことが不可能なほど、多くの蓄積がある。図書だけでなく様々な学術雑誌の論文なども含めると、それは相当な量になる。

例えば、いま筆者の手元には『暴力をこえる』(1)がある。この書では、いじめを解決しなければならない問題として扱い、いじめの実態を把握し、教師の取り組みはどうあるべきかについての議論が展開されている。この議論の展開の仕方は、ほかの多くのいじめ研究にも見て取ることができる、いわばいじめ論の傾向である。そのことから、『暴力をこえる』での議論は、ある種のパターン化したいじめ論だといえるだろう。伊藤茂樹は、この種のいじめ論がパターン化・増殖していくことの原因として、いじめを否定し被害者に寄り添っているというカタルシスがはたらいていることを

指摘している。(2)

たしかに、いじめは子どもたちの心に大きな傷を残しかねない深刻な問題である。それは、当事者が死に至る場合があるという意味でもやはり深刻である。したがって、いじめの先に子どもの死の可能性を認め、解決に向けた議論を展開していくこと自体は何ら否定されるべきではない。

しかし、これまでの多くのいじめ論はあまりにも素朴すぎる。そこでは、まずはいじめを受けた生徒への共感的な態度があり、加害生徒がいじめに及んだ原因をその生徒の家庭環境などに探り、そこから心の問題というものが出てきて、最終的に、教師がもっと頑張らなければならない、ということに大体がなっていく。一方であまり突っ込んで議論されないのが、いじめの構造とメカニズムである。議論されたとしても、「個別の状況によって異なるため難しい」といったあたりに落ち着いてしまう。もちろん、それは当然の指摘でもあるのだが、実際のところ、私たちは異なる状況をまとめて「いじめ」という言葉で名づけることができてしまう。それはつまり、いじめには個別の状況の特徴だけでなく、いじめと呼ばれる現象に特有な構造やメカニズムがあることの証左である。

いじめなどない状況が望まれることはいうまでもない。しかしそれは幻想であり、ひ弱な願いにすぎない。問われ、明らかにされるべきことは、いじめが発生する集団的状況とその基盤をなす生徒間の関係性、そして、そこにはらまれている暴力性である。それらを的確に認識し、語ることがないかぎり、いじめ問題の解決など論じられるはずがないだろう。

2　いじめ論の落とし穴

一方で、素朴な否定論や解決論ではなく、いじめをめぐる言説の研究やいじめの本質を見極めようとする態度から始まっている研究がなされてもいる。しかしそれらも、究極的にはいじめを解決するために立ち上げられている研究であるために、最終的にはありふれた倫理観を表明していじめを否定し、議論を締めくくろうとするものが少なくない。ここでは、そのひとつの典型として今津孝次郎の『学校と暴力』[3]を挙げることができる。

今津は『教育言説をどう読むか』[4]の編者であり、その序文でフーコーを参照するなどしながら、教育問題の語られ方に注目する必要性を説いている[5]ことから、単純ないじめ否定論者というわけではないことがうかがえる。しかしそのような論者であっても、いじめの解決を論じようとすると、ありふれた倫理観に知らず知らずのうちに吸収されていってしまう。そこには、いじめ論の落とし穴とでもいえるような陥穽をみることができる。以下、今津の議論を具体的に検証してみよう。

まず今津は、いじめ問題に対する自身の立場について次のように述べている。

問題にすべきは表面的な対策ではなくて、「善」も「悪」も持ち合わせる人間そのものを見つめる深いまなざしを、まず私たち大人が培うことなのではないか。ましてや、いじめがある

かいなかで、学校の体面ばかり気にするような姿勢では何ら根本的な問題解決はできない[(6)]、
このあと、いじめがなぜ社会問題化したのか、現在のいじめにはどのような特徴があるのかを、今津は論じていく。そして今津は、いじめ問題に対して私たちは、「事件対処型」[(7)]の発想ではなく「教育対応型」[(8)]という姿勢をとるべきだと主張している。[(9)]「事件対処型」の発想とは、「人々が学校に寄せる信頼を揺るがして「学校制度の存立基盤」が崩れることのないように、事件が生じた後に急ぎ対処する対策の構えである[(10)]」。今津によれば、「このスローガンでは「学校でいじめがあってはならない」という突きつめた判断に至り、思わず学校組織に防衛的感覚を生じさせ、「よくある子どものけんかでいじめではない」といったすり替えや、「本校にいじめはない」[(11)]、「自殺といじめとの関連はない」といった隠蔽につながるような予断を生じやすくするからである」という。
これに対する「「教育的対応」に基づく初歩的な取り組み[(12)]」について、「いじめられたら気軽に打ち明けることができるような雰囲気を学校全体でつくること、そして気軽に打ち明けることのできるカウンセラー相談や電話相談の機会をつくること[(13)]」だ、と今津はいう。そしてそのためには、「学校で単なるふざけ合いやからかい、けんかのように見える行動でも、実はそれがいじめであり、エスカレートしていく危険性があると疑ったほうがよい[(14)]」と述べている。
今津の議論の要点は、おおよそこのようにまとめることができるのだが、いじめに関する本質論を展開していないし、また、「「善」も「悪」も持ち合わせる人間そのものを見つめる深いまなざし」とは具体的にどのようなものなのかについても言及していない。さらに、「いじめられたら気

軽に打ち明けることができるような雰囲気を学校全体でつくる」ともしているが、それは現場でもすでに目指されていることだろう。しかし、いじめが繰り返されてきた歴史は、そのことの不可能性を私たちに突き付けていると考えるべきなのではないだろうか。多くの人々が、いじめがあっていいなどと考えているわけではないし、今津がいうような雰囲気を学校に生み出そうとしているにもかかわらず、それが困難でありつづけているからこそいじめは発生しつづけているのではないか。この困難性を問題にしないかぎり、いじめ論は有効なものにはならないだろう。

さらに、次の引用文で今津は、「善」も「悪」も持ち合わせる人間そのものを見つめる深いまなざしを、まず私たち大人が培うこと」の必要性を説いたはずの自身の主張を覆してしまっている。

> これまでもそうであったように、安全であるはずの学校で生じる悲劇は人々の学校に寄せる信頼から成り立つ「学校制度の存立基盤」を根底から揺るがす。（略）個々の行為がいじめか否かといった点にだけ気を取られ、「学校の存立基盤」を危うくするいじめ問題という大きな判断がはたらいていなかったとしたら、きわめて残念である。[15]（傍点は引用者）

この「安全であるはずの学校」という前提は、今津自身がいっていた「人間そのものを見つめる深いまなざし」には程遠いだろう。学校が安全であるはずという前提と、いじめを「悲劇」といってしまう姿勢には、学校で生活している子どもたちが本質的にいじめなどするはずがないというナイーブな前提があることを指摘できる。単純な否定論ではない議論を展開しようとしている今津でさえも、いじめの解決を目指したとき、何らかのユートピアを想定しなければならなかった。それが、「安全であるはずの学校」という幻想・虚像だったのだろう。

もっとも、こうした議論の破綻の仕方は、議論の破綻というよりも、いじめの解決を語らなければならないような立場に置かれた者が宿命的に背負ってしまう語り口を、今津が体現してしまっただけだといえるのかもしれない。したがってそれは、まさにいまこうしていじめについて考え、語ろうとしている私たち自身の問題でもあることを自覚しなければならない。

いずれにせよ今津の議論は、彼が編者を務めた『続・教育言説をどう読むか』に所収している伊藤の「いじめはあってはならない」という論文によって、皮肉にも、批判されることになる。そこでは、「いじめはあってはならない」という言説が、その命題の絶対性のために否定・批判されることなく神聖化され、それがいじめ問題に対する思考停止を生み出すことにつながっていくことを指摘している。[16]

3　いじめに関する哲学的考察

ここからは、いじめについて、前節までとは異なる角度から考えてみたい。そのために目を向けるのが、哲学的ないじめ論である。そこには、パターン化されたいじめ論を相対化するような議論があり、現象そのものを徹底して語ろうとする態度がある。従来とは異なる暴力言説のあり方を探求しようとしている本書の立場からして、注視すべき議論だろう。

まずは、菅野盾樹の『いじめ＝〈学級〉の人間学』[17]をみてみよう。菅野は序章のなかで、「いじめが学校教育の問題点をすべて帳消しにしてしまいかねない「悪役」として、言論にとびかかっている状況はきわめて不健全である[18]」とし、また「いじめの定義の混乱は議論をいたずらに紛糾させるばかりか、語ること自体が何についての語りでもないという、滑稽な結果さえ招いている[19]」と不毛ないじめ論を一蹴する。

菅野自身のいじめ論は、「いじめの解釈学」として立ち上げられている。なぜ解釈学なのか。それは、いじめとは、単なる言葉や行為の問題ではなく、その言葉や行為が解釈されるものだからである[20]。解釈とは、何物かの意味を、そう解釈するものである[21]。こうした意味で展開されている菅野のいじめ論で重要な役割をもつのが、「社会制作」という視座である。菅野は、次のように述べている。


いじめが起こる場は、本質的にことばや身振りのやりとりの場、換言すれば記号の交差する場、あるいはコミュニケーションの場なのだ。いじめ問題を考察する場合、いじめの認識がいかに重要か、また、そのためにいじめの表現に肉迫することがどんなに必要か、このことの根拠は、基本的には社会関係が記号的相互作用である点に求められなくてはならない。記号論からいうと、記号を用いて制作することは、そのまま記号でもって知ることである。子どもたちがある種の社会制作を演出し実演することは、そのようにして社会を認識すること、そのなかで人間を（つまり自己を）相互に認知しあうことなのだ。（略）いじめは単なることばや身振りの問題ではない。それは、具体的な歴史の場における、社会的現象としての表現行為の問題なのである。(22)

菅野によれば、いじめとはコミュニケーションの場であり、社会を認識すること、自己を相互に認知し合うことだという。これは、かなり徹底した、あるいは相対化した地点からのいじめ解釈である。そのため、菅野は、いじめを克服するには「学校を廃止すればよい(23)」といってしまう。もっとも、それはいじめを一種の社会制作と捉えたことの必然的な論理的帰結であるし、逆に、いじめ問題の解決ということを簡単に口走ってしまえば、それは学校の廃止を目指すことと同義であることを、菅野の議論はラディカルに私たちに教えているのである。

菅野のいじめ論と同様に徹底したいじめ論として、次に、永井均のそれを取り上げることができる。永井はいじめを主題にした著作をもっているわけではないが、ニーチェの思想を豊かに掘り起こしてみせた『これがニーチェだ』のなかに、いじめっ子に関する次のような指摘がある。

社会の健全さ、いやそれどころか社会の存続それ自体と本質的に矛盾するような価値というものがある、と私は思っている。その視点を考慮に入れていない倫理はむなしい。だから、これまでのあらゆる倫理学説は本質的にむなしい。殺人という例が極端すぎるというなら、いじめの場合で考えよう。人生が面白くなく、どうしても生きる悦びが得られなかった子供が、あるとき友達をいじめることで、はじめて人生の悦びを感じることができたとする。それはよいことだ、とは誰も言わない。だが、それでも、それはよいことなのではあるまいか。その子は、以前よりもよい人生を生きているのではあるまいか。共存の原理に反しているからといって、そのよろこびは偽物だとか、ほんとうのよろこびは友達と仲良くするところにあるのだ、といった道徳イデオロギーによって、その子を断罪すべきではないと私は思う。その子は、そういう言説が〈嘘〉であることを、身に染みて知っているはずなのだ。(24)

永井は、これまであまり顧みられなかった（しかし気づかれていた!?）いじめっ子の心性を擁護している。この永井の指摘を菅野の議論と接続してみれば、いじめっ子はいじめることで自己の生を横溢させることができ、まさにそのことによって自己を知っていくのだと考えられる。もっとも、それはかなり危険な自己充足の仕方だから、永井は、そのような子どもには「自分の固有の生の悦びを社会の構成原理と矛盾しないものに（できるならその発展に役立つようなものに）鍛え上げるための政治的な力(25)」を身につけさせることが重要だという。

樋口は、こうした永井の指摘に対して「ニーチェの「美―生―力の哲学」から教育について何かを語ろうとしたときに到達しうる一つの重要な見識であろう(26)」としながらも、多くの人々はそのようにして生きてきたのであり、そのようなことは、いま、取り立てていわれるまでもないだろう(27)という。さらに、樋口は次のように述べている。

「いじめは良くないのでやめよう」といったスローガンが、スローガンとしては全く正しいものであり、それゆえに人々の共通理解として機能するものであることは、そのとおりである。しかし、ここでわれわれが見ようとしているのは、そうしたことがらの表層的な断片ではなく、その背後にある闇の深さである。いじめはなくなってほしいと願っても、なくならない。（略）ネガティブなものであるとしても、いじめもまた、人間関係の一つのあり方だからである。いじめが根絶されるとすれば、人間どうしの関係が完全に消去されるときである。（略）いじめは人間関係に根ざしたものであるがゆえに、程度の差はあれ、いたるところに遍在する。(28)

以上、菅野、永井、樋口のいじめに関する議論を追ってきた。そこでは、いじめを哲学的議論の俎上に載せて、冷厳なまなざしでその姿を捉えていた。彼らの議論を受け止めたとき、私たちは、その是非はさておき、いじめは人間関係のひとつのバリエーションである、という理解をしてみるべきだろう。彼らの議論は、いかにも教育じみたいじめ論よりは徹底された地点に達しているものであり、従来の紋切り型のいじめ論とは異なる視点を提示している。

しかしそれは、かなり徹底・対象化された議論であるために、いじめという問題をかなりの程度、相対化してしまっている。「いじめは人間関係だ」といってしまえば、「いじめは駄目だ」という前提を捨てて、より広い視野からいじめそのものを捉え直さなければならないことになる。もちろん、それが彼らの指摘から啓発されるべき点だろう。だが、それでもなお、いじめという現象の特殊性は認められるのであり、その意味ではやはり、いじめ論はいじめ論としてなされるべき必要性は残っているのだといえる。

4　諏訪と小浜のいじめ論

いじめの形態や構造、そして解決策に迫っていこうとしている論者として、諏訪と小浜の名前を挙げることができる。彼らのいじめ論は、筆者が知る限り、ほかの多くのいじめ論とは比較にならないほど優れたものであり、本人たちも自負をもって議論を展開しているようである。彼らの論考は、約二十年から三十年前に提示されたやや古いものではあるが、現在でもその議論の卓抜さは色あせていないように思われる。

まず諏訪だが、彼は、埼玉教育塾（のちに、プロ教師の会）の中心的人物であり、精力的な言論活動をおこなう同塾の実質的なイデオローグである。その諏訪は、小浜とともに『間違いだらけのいじめ論議』[29]の編者を務めている。一方、小浜は、様々な分野で言論活動をおこなっている批評家である。小浜は、諏訪を「久々に優れた敵手」[30]と評している。さっそく彼らのいじめ論を検討していこう。まず次の文は、諏訪のいじめに対する基本認識である。

いじめは学校文化においては一種のコミュニケーションの手段である。それが事実上の犯罪レベルに達しつつあるのは、学校の、というよりは、学校も含めての社会一般の病理の結果であろう。そしてまた、学校がある理想的な場であるなどと馬鹿げた前提をつくらなければ、そこにいじめがあるのは必然である。(31)

この諏訪の認識は、先にみた菅野の議論と明らかに同じ地平にある。では、なぜ諏訪はこのようにいうのか。その理由は、いじめ対策に関するインタビューでの諏訪の返答にみることができる。

諏訪は、まずインタビューの冒頭で、「「いじめ」は必然的かつ普遍的に存在し、なおかつそれは必要不可欠(32)」だと断じる。「それは言い過ぎではないのか」というインタビュアーの指摘に対して諏訪は、学校というところは、教師と生徒の垂直的な関係だけではなく、生徒同士の水平的な関係もあって、それこそが生徒たちの「学校生活」の内実を形成しているのであり、そこに教師は介入すべきではない(33)という。さらに、諏訪の主張をしばらくみてみよう。

学校のなかにいじめの土壌ともなる水平的な関係があるからこそ、生徒は人間的に成長していけるんです。生徒どうしがつくるこの水平的な関係こそが、生徒にとって社会生活のシミュレーションの場となり、そこではじめて人間関係を学び、自らの位置を見極めていく契機をつかむことができる。(34)

教師の権限を強め、生徒たちの水平的な関係に直接的に介入できるようにするということは、いじめをなくすと同時に、生徒どうしの人間関係を破壊し、成長の機会を奪い取ることでもあ

るわけです。(35)

いじめというのは、子どもたちが仲間どうしの関係をつくり、成長していく運動のなかで、必然的に生じてくるものです。したがって、教師はいじめが限度を超えた〝超いじめ〟にならないよう、生徒集団を管理することしかできないし、それ以上のことはするべきではない。生徒個人の内面に介入していじめをなくそうとすれば、生徒をさらに激しく傷つけることにしかなりません。(36)

諏訪にとって、いじめは生徒同士の水平的な関係で生じているある種の人間関係であり、それは成長の機会でもあるから、教師はむやみに介入すべきではないという。

「いじめが必要不可欠だ」といってしまうところには賛同しかねるが、その点を除けば、生徒関係への教師のむやみやたらな介入に警鐘を鳴らしている意味で、諏訪の指摘は評価できるだろう。なぜなら、いじめの根源には人間の自由があるからだ。それは「いじめをするのはあなたの自由ですよ」などといった意味ではなく、哲学的な意味での、人間存在における存在論的な自由である。いじめを完璧に解決するならば、この自由を奪わなければならない。一見すると過激な諏訪の指摘の背後には、そのことへの配慮があると考えるべきだろう。その過激さは、従来の紋切り型のいじめ言説を打破しようとしている者の気概が前面に表出したものにすぎない。

しかしながら諏訪のいじめ論には、いじめの構造や発生メカニズムを掘り下げた議論がみられない。その点が明確にならなければ、彼がいうような、いじめが「超いじめ」にならないように生徒集団を管理するために必要な教師たち、ひいては大人たちのいじめ理解が深まっていかないだろう。そこでここからは、小浜のいじめ論に目を向けてみよう。彼は、いじめの発生メカニズムに関する議論を展開している。

小浜は、「いじめの基盤としての集合的無意識」[37]ということをいう。その出自には、子どもたちの授業に対する倦怠感と飽き足りなさがあるという[38]。小浜によれば、昔、つまり学校にも教師にも権威が見いだされていた頃には、それらの意識は、集団からの個人の離反意識として内向するか、授業の主体である教師を中心とした統一性に回収されていた[39]という。しかし現代では、それらの意識は、独自の集団的定型性をもつようになっているという。小浜はそのことについて、次のように説明している。

教師―生徒の垂直的な関係によって成り立つ〈授業〉という日常時間の流れを、生徒と生徒との間の水平的な意識の伝播の関係がたえずおびやかすようになっているのだ。（略）生徒たちは単にひとりひとりが倦怠感のために「きいていない」のではなく、むしろ無意識的に形成された生徒どうしの関係意識の癒着性に拘束されて、集合的かつ積極的に「きいていない」のである[40]。

小浜によれば、この癒着によるエネルギーの鬱積を生徒たちは絶えず解放しようとしている[41]のであり、それは「祝祭性」への願望[42]だという。「しかしこの祝祭性は学校的な時間のあり方のなかではまともに表出されることが不可能であり、表出されるときにはたいていの場合、奇妙に歪められた形でしか実現されない[43]」。そして、その歪められた形こそがいじめである。つまりいじめとは、祝祭性の表現なのである[44]。この祝祭としてのいじめの発生機序について、小浜は次のように述べる。

〔祝祭は：引用者注〕ほとんど全員が平準化された形でその渦にまきこまれていなくてはならず、しかも彼ら全員をまきこむに足る共通の関心の対象が〈供犠〉の標的として形成されていなくてはならない。小さな失策をおこしたもの、またおかしやすいもの、充分見過ごされてしまうに足る微細な身体的特徴をそなえたもの、または授業の話からの連想をさそう何らかの性格的特徴、また一種の堅物的気まじめさ、人よりわずかにガリ勉であると感じさせる何らかの証拠等々、要するに彼らの仲間の特定の人物が、そのあるかなきかの差異性を集団によって度外れに強調されることによって、この祝祭のいけにえは非常なスピードで作り上げられる。個人が個人を、あるいは数人の個人がひとりの個人をからかってその場で終わってしまうのではなく、一定期間ほとんど全員が、ひとりの個人をこの祝祭のいけにえとして定着させるべく、無自覚に力を貸すのだ[45]。

この小浜の議論の思想的背景には、その議論の類似性からして、ジラール[46]の暴力論があると考えていいだろう。そのことは、小浜が赤坂のいじめ研究を高く評価していることと、その赤坂の研究がジラールの暴力論に依拠していることからも裏づけられる。

第4章でみたように、ジラールの暴力論によれば、いじめなどの集団的暴力は「模倣的欲望」によって集団内の個人間の差異が消失し、個人間に相互暴力が蔓延することによる。その状態が高進していくと、共同体が崩壊の危機に瀕し、一人のいけにえが見いだされ、その者に対する全員一致の暴力によって、共同体の危機が解消される。それは、ある種のスケープゴート[47]と考えることができるだろう。いじめには、スケープゴートにみられるような集団的メカニズムがはたらいているのであり、それは人間が関係を結び、集合的に生きている場所ならどこにでも起こりうるのである。

5 「最後の気晴らし」としてのいじめ

しかし、小浜の説明によるいじめの発生機序は、スポーツ集団の場合とは異なっている。スポーツ集団の場合、いけにえ（いじめられる選手）が生み出されるのは、一人の指導者の奪い合いによって選手間の暴力性が極度に高まったときであった。そこでは、いじめは選手間関係の暴力性が激化したことの結果であった。

一方、学校（学級）の場合は、生徒たちの間に生まれている慢性的な鬱積した気分を晴らすためにいけにえ（いじめられる生徒）が生み出されている。そこでは、いじめは、生徒間関係の倦怠感を晴らすための目的になっている。この目的としてのいじめは、いったい何を意味するのだろうか。

それは、スポーツ集団のように魅力的な指導者（教師）がいるわけでもなく、興味をかきたてられるような何らかの対象があるわけでもないような慢性的につまらない学校生活を退屈ではないものにするために、生徒たちがあげくの果てに導き出した最後の気晴らしとしていじめがおこなわれることを意味している。自分たちの間に広がっている倦怠感をやり過ごすよりも、いじめという祝祭のなかで生きているほうが、生徒たちにとっては刺激的でおもしろいのである[48]。

ある特定の状況が「いじめ」とされるのは、あくまでもそれが起きたあとである。事後的にいじめと呼ばれることになる事態に関わる生徒たちのなかに祝祭的な気分や快楽などの情動があるのだとすれば、「いじめはやめましょう」というスローガンが彼／彼女たちには空疎なものとして響くだけだろう。ここに、いくら糾弾されても解決されることがないいじめの根源性があるといえる。さらにいえば、その根源性は、私たちの「解決」という観念を無化してしまうのである。

注

（1）全国生活指導研究協議会常任委員会編『暴力をこえる――教室の無秩序とどう向き合うか』大月書店、二〇〇一年

（2）伊藤茂樹「いじめは根絶されなければならない――全否定の呪縛とカタルシス」、今津孝次郎／樋田大二郎編『教育言説をどう読むか――教育を語ることばのしくみとはたらき』所収、新曜社、一九九七年、二一一四ページ

（3）今津孝次郎『学校と暴力――いじめ・体罰問題の本質』（平凡社新書）、平凡社、二〇一四年

(4)前掲『教育言説をどう読むか』
(5)同書一一―一七ページ
(6)前掲『学校と暴力』三九ページ
(7)同書六〇ページ
(8)同書六四ページ
(9)同書六三―六四ページ
(10)同書六三ページ
(11)同書六三ページ
(12)同書六八ページ
(13)同書六八ページ
(14)同書七四ページ
(15)同書六〇―六一ページ
(16)伊藤茂樹「いじめはあってはならない」、今津孝次郎/樋田大二郎編『続・教育言説をどう読むか——教育を語ることばから教育を問いなおす』所収、新曜社、二〇一〇年、二六五ページ
(17)菅野盾樹『いじめ=〈学級〉の人間学』(シリーズ・子どものこころとからだ)、新曜社、一九八六年
(18)同書八ページ
(19)同書八ページ
(20)同書二七ページ
(21)同書二七ページ。換言すれば、事後的に「いじめ」と呼ばれるある特定の現象を「いじめ」として

意味づけ、解釈するということである。

(22)同書六五ページ

(23)同書二三三ページ

(24)永井均『これがニーチェだ』(講談社現代新書)、講談社、一九九八年、三〇ページ

(25)同書三〇―三一ページ

(26)樋口聡『身体教育の思想』(教育思想双書)、勁草書房、二〇〇五年、四六ページ

(27)同書四六―四七ページ

(28)同書一九一―一九二ページ

(29)小浜逸郎/諏訪哲二編『間違いだらけのいじめ論議』宝島社、一九九五年

(30)前掲『症状としての学校言説』一五九ページ

(31)諏訪哲二「まえがき」、前掲『間違いだらけのいじめ論議』所収、二ページ

(32)諏訪哲二「それでも「いじめ」は必要だ!」、同書所収、八三ページ

(33)同書八三ページ

(34)同書八六―八七ページ

(35)同書九三ページ

(36)同書九四ページ

(37)前掲『学校の現象学のために』一一三ページ

(38)同書一一三―一一四ページ

(39)同書一一三―一一四ページ

(40)同書一一四ページ

(41)同書一一五ページ
(42)同書一一五ページ
(43)同書一一五ページ
(44)同書一一八ページ
(45)同書一一五ページ
(46)同書一七五ページ。なお、赤坂の研究については前掲『排除の現象学』一一―六三ページを参照。
(47)山口昌男『文化の詩学Ⅱ』(岩波現代文庫)、岩波書店、二〇〇二年、三八―四〇ページ
(48)小浜はいじめを「集団的な遊び」と見なしていて、子どもたちはおそらく真剣にいじめをしているし、「人をいじめることは、時には痛快なことではないだろうか」と述べている。前掲『学校の現象学のために』一七六―一八二ページ

終章　これからも考えていくために

本書の基礎になっているのは筆者の博士論文だが、その概略的な内容を研究会で発表した際、「この研究の結論はどうなるのか」という質問を受けたことがある。この質問には非常に困らされた。「この研究の結論とは何か」。質問を受けた瞬間には、暴力問題の解決策の提示を期待されているように感じていた。しかし、はたしてそんなものを提示できるのだろうか。できたとしても、「それが唯一の解決策なのか」「こういう場合はどうするのか」などの批判が続出し、暴力の本質理解という最も伝えたいことに注意が向けられなくなってしまうのではないだろうか。おそらくその質問者の念頭にあったのは、「目的の設定―先行研究の検討―本論―結論」といったオーソドックスな研究のスタイルだったのではないだろうか。なるほどたしかに発表者の側に何らかの意図や考えがあったとしても、学術研究としては最終的に何を明らかにしたのかをうまく伝えられなければ意味はないだろう。

しかしながら、暴力研究を通して筆者が強く感じていることは、論文や研究というスタイルそのものいものの限界性である。本書を執筆している期間、筆者は実践に携わる人々と暴力問題について議論する機会を得たのだが、そのときに筆者に求められたのは、論文に書いていることをそのまま語ることではもちろんなかった。実際の問題状況をまずは丁寧に聞き取ってその状況を整理したり、問題の本質は何かということを、対話者の理解や思考を促しながら、論文のそれとは相反するような形で語らねばならないような場面もあったのである。論文や研究といったスタイルの重要性を軽視しているわけではもちろんないが、本書で私たちが向き合ってきたのは暴力という現実の問題なのだから、その本質理解に資するためには、特定の語り方や振る舞いに固執することは避けなければならない。ここでは、問題の単純化と性急な解決策の要求にあらがい、具体的な問題を考えるために考えられるべきこととして、本書の結論を提示してみたい。

1　暴力に力強く向き合うために――本書の考察からいえること

本書が取り組んだのは、スポーツと学校での暴力現象（体罰といじめ）の発生や温存のメカニズムの解明をおこない、それらの場の暴力性の輪郭を描き出すための暴力の社会哲学だった。暴力の社会哲学では、目に見える暴力現象をひとまずは問題にしながらも、その発生の下地になっている人間関係・社会関係に内在している暴力現象のモメント、すなわち暴力性への着目をより重視した。基本的な定義として、暴力は「個人に危害や苦痛を与える具体的な力」とし、暴力性は、「「暴力」

の現出を下支えし、隠れた次元で人間の生にひずみを生み出すある集団的状況や人間関係の状況」とした。全体としては、スポーツ集団の暴力性に関する考察をまず展開し、そのあとに、そこで得られた結果に基づいて学校の暴力について考察する、という流れになっていた。そのような展開を可能にしたのは、スポーツ集団と学校の両者に、「ある目的に向かって指導者（教師）のもとに集団的な連帯が求められる集団」という集団・組織構造上の類似性が認められるからだった。両者に共通するこの構造が暴力現象の発生を規定しているだろうという仮説的見解とともに、本書はスタートした。

価値や理念と暴力性の表裏一体性

本書の考察の全体が示しているように、体罰やいじめといった暴力現象は何らかの異常事態ではなく、むしろ、スポーツと学校の価値や、スポーツや学校という場で社会生活を営むために必要とされる事柄（集団的連帯など）と表裏一体の関係にある。そのことこそが人間と暴力の根源的な関係といわれる事態であり、それは根源的であるがために、いわゆる「問題解決」といった一般的な意味での倫理的・良心的な対応そのものを寄せ付けないような構造をもっている。ここに、暴力問題がいくら糾弾されても根絶されない原因が存している。

では、私たちは解決を諦めるのか。活路はないのか。もちろん、そんなことはない。あらゆるスポーツ現場や学校が、毎日、暴力にまみれているのかといえば、そんなことはない。だからといって、例えば暴力が起きていない学校の教師の振る舞いをまねてみるだけでいいとか、そういう単純な問題ではない。
本書では冒頭で、暴力の否定を超えて暴力を考える立場を宣言したが、暴力問題の解決ということを試みる際にも、解決ということそのものをどう考えるかが重要になってくる。たとえ暴力（性）が人間存在の宿命だとしても、いや、だからこそ暴力性の解明は不断に継続されなければならないのである。

学校教育の本質に関わる暴力性について

学校教育の本質に関わる根源的な暴力性から逃れることができないのだとしたら、私たちが考えるべきことは、暴力性の起源である「規格」の内容を必要に応じて、つまり時代や子どもが置かれている状況に応じて、絶えず更新していく必要があるということだろう。[1]「規格」の内容が、学校教育内論理だけによって規定・固定され、信奉されてしまうような状況を避けなければならない。そのためには教師をはじめ、学校教育に関係する人々が知性をはたらかせ、時代状況を読み、「規格」の内容を常に変更することができるような柔軟な初動態勢をとっていることが重要になる。そのとき、教師や教育研究者が連携し、一人で悩んでいるだけでは出てこないようなアイデアや知の創出が可能になる状況が必要となるだろう。しかし、実際には、それに逆行するかに感じられてしまう現実がある。

筆者には、ある問題について現場の教師と議論をした経験がある。その際、「あなたには中高の教員としての経験があるのですか」という侮辱的な口調での問いを受けた。しかし教員としての経験がない者には、教育に意見する資格がないのだといわれてしまうと、それは論理的にいって、教員経験がない者は学校への発言・批判してはならないということになるし、さらにいえば、学校教育をよくしていこうとする批判的な意志をもつ者には教員になる資格がないといっているに等しい。そうなると、この教師以後には誰一人として教員として採用されることがない、ということになりはしないだろうか。経験のない者には発言権さえも認めないのなら、採用試験を受けることなど論外になるのではないか。経験がない者には発言・批判する資格はないが、教員にはなってもいいというのもよくわからない。

　別の教師からは、「研究など現場には役に立たん」という発言を受けたこともある。「では、あなたは研究の何を知っているのか」「知らないことについて、どうして非難できるのか」などと返したかったが、対立必至だったので言葉を飲み込んだ。

　教員の仕事場は学級であり、グラウンドであり、体育館であり、職員室である。それと同様に、研究者の仕事場は講義室であり、研究室である。研究がどのようにして現場に貢献しうるのかを研究者よりも知らないのが現場の教員であり、現場のことを現場の教員よりも知らないのが研究者である。したがって、「研究は役に立たない」という現場の教員の発言・態度や、逆に、「現場は何もわかっていない」という研究者の発言・態度は、お互いの立場についての敗北宣言である。そこに決定的に欠落しているのは、お互いの立場への共感と想像力である。それらの欠落が生む意見の不交流がそこにはあるだろう。

　暴力という過酷な現実は、個人の力で解決していくことができるほどやさしいものではない。自分の立場と責任にこだわるあまりに、かえってそれが重圧になり暴力（あるいは精神崩壊）へのポテンシャルを高めてしまっているのが、昨今のスポーツと学校に関わる人々の精神状況ではないだろうか。例えば「理論と実践」などの表現が、両者による両者への無理解を意味してはならない。たしかに現場と研究は異なる立場にあるが、互いに異なる立場にあるからこそ交流は可能になるのである。それぞれがそれぞれの置かれている状況に埋没するだけでは、その場の暴力性が高まっていってしまう。密閉された場で高まる暴力性は、いつか暴発するだろう。密閉状況を防ぐために、「風通しをよく」などはしばしばいわれることだが、ではその場合の風穴はどうやって開けるのか。コンプライアンスが盛んに叫ばれる昨今では、第三者委員会の設置や組織体制の見直し、あるいは公開性の確保などがすぐに発想されるだろう。

　しかし、暴力が発生するところの人間関係はそこに生きる人たち自身によってしかありえないものなのだから、最終的にはその場で生きる人たち自身にしかわからないようなレベルの問題がある。したがって風穴を開けるためには、その場に生きる人たちと外部とが交流を積極的にもつしかないだろう。実践に携わる人々は、その実践感覚に基づきながら日々の実践を見直していくための外部との関わりを、研究に携わる人々は学術用語を使って状況を分析することで満足してしまうのではなく、実践家たちとの交流から具体的な状況に響いていくような言葉のありようを探求していくべきである。谷は、暴力性を高めないためには世界を常に脈動させ活性化させておくべきだと指摘している[2]が、それはこのような意味で理解されるべきだろう。学校教育の暴力性というみえにくい問題であっても、それは私たちが生きている状況のことにほかならないのだから、やはり究極的には、私たちの日々の営みが変容していくことでしか対処できないのである。

スポーツの本質に関わる暴力性について

スポーツの本質に関わる、そのために根源的な暴力性については、勝利という目的が明確に設定されているために比較的気づかれやすいだろう。ただし第5章でみたように、スポーツは人間のアモルフな生がうごめく〈夜〉だけでなく、人間に理性的な態度を可能にさせる〈昼〉とも関係している〈たそがれ〉の空間だった。例えば学校運動部活動は学校教育の論理とスポーツの論理が交ざり合う場所だが、そこでは人間形成、生徒指導、協調性・社会性の育成などといったことが、〈昼〉の思考に基づく教育的価値として付与されている。競技スポーツでも、「人間性が重要」「子どもたちに夢を」といったことがしばしばいわれるだろう。これらの価値や理念は、第2章でみたように、「いい選手」という「規格」として指導者の手に渡るだろう。それを根拠に、指導者は選手を教育していくのである。

また、指導者だけでなく、不祥事を起こしたトップアスリートにも多くの批判が向けられる。「国民に夢を与えるスポーツ選手としていかがなものか」という具合に。そこでは、社会が「いい選手」という期待を選手たちに向けることにより、その期待が「規格」として機能していることがわかるだろう。暴力の根源性に目を向ける本書の立場からすれば、人間形成や社会性の育成などの〈昼〉の思考がスポーツの根源的な暴力性、つまり〈夜〉の思考を無効化するわけではないということを強調しておかなければならない。(3)

〈昼〉の思考にはスポーツの暴力性を隠蔽する機能があったとしても、それは〈昼〉の思考の姿の半面にすぎない。〈昼〉の思考は、人間形成や社会性という理念を根拠にした「いい選手」という望ましい「規格」でもある。したがって、スポーツの暴力性が高まったとしても、それがむき出しの暴力性としてではなく、あくまでも教育的なものとして社会的に存在するために、それに応じて〈昼〉の論理も高進していくのだと考えられる。複雑な行論になったが、このわかりづらさはそのまま現実の複雑さ、つまり価値と暴力の表裏一体性を示している。スポーツの根源的な暴力性と〈学校〉教育のそれは交じり合っているのである。少なくとも、そういう状況のなかで私たちは生きている。[4]

こうした状況をスポーツの問題として考えるならば、「たかがスポーツ」[5]、あるいは「勝つことなどたいしたことではない」[6]という価値観を育んでいくしかないだろう。もちろんそれは、スポーツに一生懸命に取り組んだあとに省察的に感じ、考えるべきことである。練習中や試合中には勝利を目指して一生懸命やればいいのだ。重要なことは、スポーツはルールによって構成される絶対的な小世界だとしても、それを大きな日常世界から相対化することであり、スポーツの世界を狂信的に絶対化しないことである。[7]したがって問題なのは、スポーツの世界から帰還できなくなってしまうことである。これは、指導者のあり方の問題へとつながっていく。

指導者―選手関係と教師―生徒関係の暴力性について

指導者―選手関係で、例えば体罰といった具体的な現象として発現する暴力の背後には、スポーツの根源的な暴力性がある。指導者は、その暴力性が現実化するための媒体だった。したがって、指導者が一生懸命になればなるほど、その暴力性は高まるということになる。このジレンマにどう向き合うのかが指導者にとって深刻かつ重要な問題になるが、暴力を振るう指導者たちは、一生懸命になるあまり、スポーツの世界から戻ってこられなくなることがある。それを後押しするもののひとつが「体罰の成功」ではないだろうか。

第2章と第3章で考察したように、体罰が成功するのは、指導者が無理やりに、つまり暴力的に選手を黙らせるというよりも、むしろ選手の「良心」が作り出す反省性、あるいは「ほれこみ」という選手の心性があるからであった。要するに体罰が成功する場合、指導者からの様々なはたらきかけを選手が甘受してしまうような素地が指導者―選手関係には内在しているのだ。

ただ、だからといってそれらを単純に否定することはできない。「良心」は大きな視野からみれば、自分自身を見つめるという重要な能力を私たちに与えるし、「ほれこみ」は心的紐帯として、指導者―選手関係の成立とその親密さにも関わっているからだ。したがって指導者―選手関係にはいつのまにか暴力性へと高進するような関係性の素地が存在するということへの自覚が、まず何よりも重要になる。

これは推論の域を出ないが、体罰を振るう指導者たちは自己保存の欲望から派生してくるその嗅覚によって、体罰を成功させやすい選手を見極めているのではないか。「殴られ役」ということがいわれたりする現実はそのことの端的な証左のような気がするし、体罰の効果を主張する指導者や選手の声が聞こえてくるということもまた、おそらくその証左だろう。

いずれにせよ、殴ったとしてもその相手が抵抗することなく、むしろ「ありがとうございました」と感謝されてしまうようなある種の万能感さえ覚えてしまうデモーニッシュな経験は、私たちの日常では許されていない。そのため暴力的な指導者たちは、日常的にはありえないその経験の強烈さのとりこになってしまい、スポーツ指導者という立場から離れられなくなってしまうのではないだろうか。印象的にいうならば、日常生活に戻るためにいつでも着脱可能だったはずのスポーツ指導者という仮面が、体罰の成功を繰り返すうちに、鬼面のように、彼／彼女の肉から離れないものと化してしまうのだ(8)（ジャージを着替えることがないスポーツ指導者が目に浮かんでくるのは筆者だけだろうか）。これは私たちの文脈でいえば、自我と自我理想との距離がなくなってしまった状態だといえるだろう。自我と自我理想のせめぎ合いと、そのことによって生まれるはずの現実感覚が、体罰の成功というデモーニッシュな体験により吹き飛んでしまっているのだ。体罰を繰り返したり、肯定したりする教師にも、これと同じような心の状態があるだろう。こうした暴力性の高進とその自我のありように対し、どんな向き合い方があるのだろうか(9)。

自我が自我理想との距離をとることができなくなっているのだから、それを引き離さなければならないということになる。つまり、バランス感覚をもった自己を取り戻すための自己省察・自己懐疑ができるような感性の獲得と涵養の必要性である。

自我と自我理想の距離がないという状態は、ある種の病的状態だと考えることもできる。それは、十川幸司がいう「誤謬としての生(10)」の一形態だろう。十川によれば、「自己とは固定した単一のものではなく、幾つかの欲動によって作動する波動(11)」であり、「関係(12)」である。そして、「病気とは量的なファクターの不調和によって起きるもの」だから、この不調和を緩和させ、その人自身のリズムを獲得させることが重要だという。[13] しかしそこには、マニュアル化できるような一定の心理療法プログラムがあるわけではない。また、診察室のなかでいい状態になったとしても、そこから出て、元の生活に戻った途端に、再びその場の力に促され、再び受診前の状態に戻ってしまう可能性も十分にあるだろう。したがって重要なことは、治療やカウンセリングを活用したり、仲間や同僚との関係性を大切にしたりすることを前提にしながら、それらを超えて、最終的には自己の実存と向き合う態度をもつことである。それは、「自分はなぜ指導者をやっているのか」「なぜ教師をやりたいと思っているのだろうか」という、自分自身の足場を徹底的に見つめ直すような自己省察・自己懐疑という倫理でもある。

その結果として、例えば「教師を辞める」という選択肢がありえてもいいのだ。そうした教師の選択を逃げ腰だと糾弾するようなことなど、あってはならない。しかし現実には、教育が「望ましさ」を志向するものであるがために、教師という立場から離れることまでが「望ましくないこと」のように見なされてしまう状況があるのではないか。それは、別の角度や人生の選択肢からみれば視野狭窄でしかないだろう。いつの時代にも教育という営みが重要だとしても、私たちの人生の選択肢がいつも教師一択だけということはありえない。[14]

選手間関係の暴力性と生徒間関係の暴力性について

生徒間関係の暴力性をなくすには、学級を解体することが根本的な解決である（花を土から引き抜けば花は枯れる)。しかし、それは現実的ではない以上、ほかの道を考えなければならない。

第8章でみたように、いじめの発生の根源に、学校生活に対する生徒たちの「つまらなさ」や「倦怠感」があるとすれば、生徒たちに夢中になることができる何らかの対象を提示することがひとつの方策として論理的に導かれる。それはもしかすると、学級をスポーツ集団のような場として編成することなのかもしれない。スポーツ集団で選手たちが指導者に向かって強くコミットしていたような状況を学級内でも生み出すことが、生徒間の鬱積した気分の連結体である「集合的無意識」を解体し、「最後の遊びとしてのいじめ」の出現を阻止することにつながるだろう。しかし、一つの対象に向かってみんながコミットしていくような集団にもそのうち暴力的な状況が生まれる可能性は多分に残されている。では、出口なし、なのか。いや、わずかな可能性は祝祭性という点にある。

体育祭や文化祭といったものがすでにあるが、しかしそれらはずいぶん学校化されてしまっている。それは祭りとされながらも、祭りであることを許されていない祭りであり、はたして本当に生徒たちにとって祝祭になりえているのかは、はなはだ疑わしい。地域の祭りが、例えば車道の白線を無視しておこなわれるように、体育祭や文化祭なども、例えば机の上で踊りだしてしまうとか、近隣住民たちとの共催にするとか、とにかく学校的な時空間を破壊するための行事として徹底するべきではないだろうか。その実践の激しさの基準は、「こんなことやっていいの？」と感じるか感じないかという微妙なところにあるだろう。もちろんそれは、秩序の崩壊と常に隣り合わせである。そこを考慮しながら、どううまく仕掛けるのか。そこでは、教師たちの実践感覚が重要になる。全国的な規模で「このようなことをしましょう」と決めてしまうのではなく、その学校の風土や地域性などが十分に考慮されるべきである。

それでもなお、いじめはなくならないだろう。その可能性はどこまでも残る。それは人間関係がある以上、どうしようもないことである。したがっていじめに関しても、それが発生する機序や危険性を自覚していなければならない。それは、「いじめは犯罪」などと叫ぶことではない。

いじめは透明化する、というのは精神科医の中井久夫の指摘[15]だが、これは経験的にも了解されるものだろう。いじめに気づくとき、私たちは「そんなことになっていたのか」という驚きを禁じえない。したがって本質的な対応とは、一生懸命に生徒に関わることよりも、むしろ、いじめの解決の可能性と不可能性をめぐって省察することかもしれないのだ。透明化しているものに一生懸命にまなざしを注いでも、それは透明なのだから見えてこない。だからといって、教師が網目の非常に細かいまなざしで生徒を管理しようとすれば、それは生徒にとっても教師にとっても非常に息苦しい学校生活になる。重要なことは、いじめという現象をただちに問題として見なすのではなく（危険な状況にはただちにコミットすべきだが）、生徒たちの人間関係を考えるための視点とし、例えば本書の議論のような考察によって、そのまなざしを屈折させることでしか、透明化しているものは見えてこないだろうという知性的な態度をもつことである。

スポーツと学校の差異からみるこれから

スポーツ集団での体罰は、指導者―選手関係の「ほれこみ」が「理想化」へと高進することがその温存の原因になっていた。しかし一方で、現代の教師―生徒関係にはそれほどの関係性があるとは考えにくい。たしかに生徒は「自己規律的な主体」であり、教師からのはたらきかけを受け入れる心的条件を整えていたが、生徒間関係の暴力性の検討で理解したように、生徒たちの間には、学校的時空間への倦怠感が広がっている。それは、つまらない授業やそれをおこなう教師に向けられている。しかし、体罰は直接的・肉体的である点で、教師によるほかのはたらきかけとは異なっている。小言を言われるくらいであればそれはある種の倦怠感として処理されていくが、体罰によって直接的・肉体的にコミットされた場合、教師への応答が強制され、「何のために殴られているのか」という反発が生まれる。これは巨視的にみれば、学校が自己規律的な主体をどこに向かって主体化させようとしているのかという問題である[16]。つまり、学校教育とは何のためにあるのか、という根本的問題である。

　学校を含め、私たちが生きている現代社会には「ポスト・ポストモダン[17]」とでもいえる時代状況が広がっていて、多様性と個性が氾濫する、多様性と個性なき時代状況である。こうした状況のなかで、学校が何らかの方向性を独力で打ち出すことはほとんど不可能だと思われる。学校が社会とのつながりや存在意義を示すことができなければ、体罰を意味づける正当化（という暴力）やいじめを抑える大義はありえない。つまり、暴力をめぐる問題状況は教育方法などの教師個人の力量のレベルを超えているのである。

　にもかかわらず教師たちは、暴力的ではない形で生徒を導くための努力をしなければならない。それはもしかすると、スポーツ指導者のような存在になることなのかもしれない。つまり、生徒たちに「ほれこまれる」ことによって、集団（学級・学校）をまとめることができるような魅力ある教師である。[18]「ほれこみ」は指導者―選手関係を支え、集団形成に資する心的紐帯だった。それはある種の親密な関係性であり、教師―生徒関係にも一定程度、求められるものだろう。

　しかしすでにみたように、暴力を視点としたとき、この関係性での指導者の自己のありようは、自我理想へのこだわりが生み出す体罰へのポテンシャルをはらんでいた。「魅力ある教師」「確かな教師力」といったことが強調されすぎることの危険性が、そこにはあるだろう。

　それでもなお、教師たちは当然のこととして、いい教師を目指す。一方で、生徒たちの価値と個性は多様であり、一人の教師が彼／彼女たち全員への配慮を徹底することは不可能である。

　とはいえ、学校という権力装置が正当性を失い、自己規律的な主体を導いていくことが困難になっているいま、教師たちの懸命な努力だけが最後のとりでなのかもしれない。それは、学校という制度に付帯していた暴力性が、教師個人に委託されていることを意味している。制度疲弊によってボロボロ・ガタガタになってしまった学校という建物をその腕力だけでどうにか支えようとしているというのが、現代の教師たちの困難な状況を表現する的確な比喩ではないだろうか。「体罰を禁止されたら何もできない」という教師の声は、その意味で、無思慮な妄言として相手にしないということはできない。第7章でもみたように、体罰は教育という営みを支えるてこであるという解釈もある。教師個人の資質を批判するばかりの性急な論者は、倒壊寸前の建物としての学校をみていない。

　重要なことは、暴力（性）が何らかの価値や理念と表裏一体の関係にあることへの価値中立的な理解である。暴力を単純かつ性急に嫌悪することは、その半面にある重要な価値や理念を見落とすことにつながりかねない。したがって、「暴力への嫌悪の時代」のあとには「暴力＝価値・理念への欲望の時代」がくるのではないかという大きな視野をもちながら現代の状況を分析したり、相対化したりすることの重要性を、ここでは強調しておきたい。私たちに求められるのは、「暴力か非暴力か」といった単調な議論を超えた、スポーツや学校という場で生きる人々を支えることができるような哲学、あるいは物語の構築である。

2　暴力に力強く向き合い続けていくために——今後の課題と展望

自己愛と暴力に関する実証的研究

なぜ、自我理想へのこだわりが暴力性を高めるのか。この点について、本書では未解決のままである。この未解決の課題の先には、人間の行為はどこまで心的状況に基づいて説明できるのかという、魅力的で哲学的な難題が控えてもいる。しかしここでは、その問題について哲学的な議論を展開していくという方向ではなく、自己愛と暴力の関係として実証的に明らかにしていく方向性を提示しておきたい。

心理学では、自己愛傾向が強い人間の暴力性の高さがすでに指摘されている[19]。本書では自我理想へのこだわりが体罰・暴力につながる可能性を指摘したが、その自我理想へのこだわりを、ここでは自己愛の問題として捉えることができるだろう。さらに、中山留美子が言及しているように、自己愛には周囲を気にかけない「無関心型」と、周囲を過剰に気にかける「過敏型」があるが、暴力的な特性については無関心型のほうに振り分けることができる。[20] しかしながら、私たちがみた暴力的な指導者や教師の内面には、選手やチームの全体的な状況などといった対象世界へのある種の気づかいのようなものを確認することができたのであり、そこにはむしろ、過敏な自我のありようを指摘できるだろう。この点からは、指導者や教師の自己愛に着目することでその暴力性を実証的に調査する研究の必要性があるといえる。それによって指導者や教師の自己の特性を理解することができれば、暴力に向かうその心性への対処法を考案していくことができる。

暴力を振るう人々へのケア

暴力を振るう指導者・教師には、適切な自己理解を促す必要があるだろう。そのためにまず求められるのは、すでに述べたような「健全な自己懐疑」とでもいえるような自己省察である。それは、先に言及した十川の論では、リズムの獲得を意味していた。おそらくそのためには、単に自分で自分自身と向き合うだけではなく他者との関係が必要になってくるだろう。しかし、それはどのようにすれば可能なのか。またそれは、どのような関係なのか。暴力的な人々をただちに病者として措定してしまう必要はないが、ケアという大きな視点から、自我理想へのこだわりとこわばりをほぐしていくための研究が求められる。

具体的に考えるならば、「つらかったですね」と話を単に聞くだけではなく、場合によっては例えば本書のような議論を本人と共有していくことが必要になるだろう。「暴力はあってはならない」という重圧にさらされている指導者や教師に、「体罰やいじめの発生はある意味では必然的で構造的なものなんですよ」とボソッとつぶやくことで、彼／彼女たちのまなざしに変化が起こり、それに連動して生のありようにも何らかの変化が起きるケースもあるのではないだろうか[21]。

しかしそれは終点ではなく、出発点である。洞窟から視線を向け変えるだけではなく、その先の世界をどう生きていくのかが正念場なのだから、関係者が共同してスポーツ指導や教育に向き合わなければならない。そのためには、本書のような議論を大きな枠組みにしながらも、同時に、共同しながら、個別の問題について具体的に考えていくことが重要である。ここでいうケアはそのような広い射程をもっている。

科学（的人間観／的スポーツ指導観）批判と現象学的運動学の可能性

第5章ではスポーツ科学の限界性を示したが、体罰・暴力につながりにくいと考えられるようなスポーツ指導のありようについて、どのように考えることができるのだろうか[22]。ここではその可能性を、選手の運動感覚世界への共感の重要性を訴える金子の運動学にみてみたい[23]。

金子は、「因果決定論的思考によって、その身体運動の発生メカニズムが解明されたとしても、人間の実存身体がそれを了解してわが身に有意味な運動を生み出す現象に切り結ぶはずはない[24]」とし、「一つの動きかたがわが身に発生するということは自らの身体がその動きかたを了解したときであり、わが身が自らの動感世界へと〈身体化〉されることである[25]」と述べる。この「動感世界への身体化」のために、金子は「伝承[26]」が必要だという。それは、指導者から選手や生徒に一方向に何かが伝えられるという伝達方法ではなく、指導者と選手が共動感化できる世界に住まうなかで、指導者が選手の自得学習を促発することである[27]。換言すれば、「指導者というものは生徒や選手の動感地平の深層構造に踏み込んで学習者の動感感覚を触発化できる促発身体知をしっかり身につけていなければならない[28]」ということになる。この金子の運動学を受け止めたとき、指導者は選手たちにどのようにはたらきかければいいのか。

柄谷は、野球のボールをどう打つかを厳密に語ることはできず、ほとんどそれはメタフォリカルに語られるという[29]。「「球を引きつけて打て」とか「カーヴの曲がり目をたたけ」というふうに[30]」である。「しかし、これらは物理的な次元の問題」ではなく、「結局「語りえない」ことがら[31]」だろう。指導者たちは「語りえない」事柄について語り続けなければならないのである。

したがって、指導者には豊かな語彙が求められるだろう。豊かな語彙が可能になるためには、刹那的な発生と変容、消失を繰り返す選手の運動感覚世界に共感しなければならない。その共感が結果として、その状況にしか通用しない言葉を発生させ、そうした指導の積み重ねが豊かな語彙によるスポーツ指導へと結実していく。しかし、ここには課題がある。

金子の運動学は、基本的に個人スポーツでの技能の習熟過程や運動経過の分析を主眼に置いている。しかし一般的な傾向として、体罰の発生は、集団スポーツでより多いように思われる。そして、そのなかにも種目によるその場の雰囲気の違いがある。

サッカーや陸上競技などは、ゲーム中の単位時間あたりの情報量が比較的少ない[32]。いわば、プレーヤーたちが指導者的な視点をもつ時間的なゆとりがあり、指導者にゲーム状況の把握・分析について全権を委任する必然性が低いのである。それによって、指導者の権威は低くなり、暴力的な行為の発生も少なくなるのではないだろうか。一方、バレーボールやバスケットボールなどでは、選手とボールの移動スピードが速く、単位時間あたりの情報量が非常に多くなる。そのため、プレーヤーたち自身がゲーム状況を把握・分析することが非常に難しく、指導者に試合状況の分析を委託する必要性が生じ、その結果、指導者の権威が高まっていくのではないだろうか。しかし、この指導者にとっても、かなりの観察眼がなければ、早い展開のなかで即座にゲームの状況を分析して適切な指導をおこなうことは難しいだろう。このように考えてみると、ゲームスピードが速い競技では、ゲームの状況を適切に把握している者が実はその場に誰もいない可能性がある。その状況で指導者が暴力的な振る舞いをしても、ゲーム状況自体が誰にとってもブラックボックスになっているため、暴力に抵抗するための根拠がなく、したがって異を唱えることもできなくなってしまっているのではないだろうか。

岸野雄三は、金子の運動学の源流になっているマイネルの運動学が基本的には個人スポーツを対象にしていることを指摘(33)しながら、「対人的・集団的特殊運動学が（略）独自の運動学として発展するかは、今後の研究問題として残されている(34)」と述べている。この指摘は的確だろう。しかし、この指摘を受け止めたような研究はこれまでほとんどなされていない。したがって、これからの運動学（あるいはコーチング学）には、集団競技の優秀な指導者が、どのようにゲーム状況を把握・分析し、選手たちを指導しているのかということに関する現象学的な研究が求められる。その研究が多くの指導者に共有される形で発展していけば、優秀な指導者の指導が単なる名人芸ではなく、模倣可能な指導法として広まっていくだろう。そうした努力を継続していくことは、体罰の発生を抑止することにつながっていくはずである。[35]

親密さのなかの暴力性――あるいは、身体論批判

暴力に向き合い、解決していこうとすることの困難さは、暴力（性）が価値・理念と表裏一体の関係にある、という点にある。したがって、暴力を解決していくために打ち出された理想的な人間関係のなかにもまた、暴力の契機が潜んでいると考えられるのである。この点を考慮しない（社会）哲学・思想は無意味であり、それは端的に、理性の敗北でもある。したがって、暴力と価値・理念の一体性は自覚的に、不断に、反省的に語られなければならない。そこで、体育学や教育学という学問領域に向き合う筆者として目を向けるべきは、メルロ＝ポンティと、その哲学・思想をめぐる研究のあり方である。

メルロ＝ポンティは、「間身体性」「肉」といった概念によって平和的・癒合的な人間関係を語る。他方、彼は、知覚の暴力性について自覚的でもあり、「集団生活は地獄なのです」[37]「受肉している限り、暴力とはわれわれの宿命なのだ」[38]という指摘も残している。にもかかわらず、彼の思想のユートピア性をめぐっては、あまりにも安易に打ち立てられた形而上学だという厳しい批判[39]や、「肉」の概念をめぐる対立[40]がある（それ自体が間身体性や肉の概念の限界性を物語っているのではないだろうか）。

筆者が関わっている体育学、なかでも体育・スポーツ哲学という領域では、メルロ＝ポンティを他者理解や教師論の理想的基礎として重宝してきた[41]。しかし、暴力の現実を無視できない以上、私たちにとって重要なのは、メルロ＝ポンティの哲学が平和的かそうでないかを判定することではなく、暴力を視点にして、描かれた平和のなかに暴力の契機を探り、突き止めていこうとする態度である。メルロ＝ポンティが暴力を見逃していなかったとすれば、彼の平和的な面だけをみることは、暴力の現実をみたとき、不適切な態度ではないだろうか。こうした企てには、是非論のような形による単調な人間理解を批判的に乗り越えていく可能性があるだろう。

個別の問題へのコミットと「実践的スポーツ指導（者）の哲学」に向けて

本書が明らかにした暴力の発生・温存のメカニズムは、個別の問題状況を分析していくための大きな枠組みにすぎない。しかしそこでは、人間存在の暴力性という根源を見据えている。したがって、単純な「加害者—被害者」図式というものを採用することに対し——たとえ現実的にそれが求められたとしても——慎重な立場をとることになる。そこでは、暴力を振るった人の心理や、それをめぐる現場の状況、ひいては、スポーツ指導のあり方を規定しているような周辺的状況、そして私たちのスポーツ観までもが問題になってくる。暴力に関わった人々にコミットし、その現場にはどのような構造的な問題（学校の方針など）が潜んでいるのかを考えなければならない。個別の状況にコミットする、フィールドワークなどによってしかみえてこないものがあるだろう。

筆者の限られた体験からいうと、体罰を振るうことを前提として考えているような倒錯的な感覚をもつ指導者・教師もいれば、同時に、どうすればうまくいくのかわからず、非常に困った結果、暴力に手を染めてしまうというケースもある。特に後者のようなケースで加害側も被害側も深刻な心の傷を負ってしまうというのは、悲劇以外の何物でもない。しかし、そのような状況に対し、一刀両断的な解決策や対応策はない。個別の状況を把握しないかぎり、有効なケアやサポートはありえない。したがって、そのような活動をおこなう組織・チームを立ち上げることが考えられるだろう。

また同時に、すでに起きてしまった暴力への対応や、それに関わった人々のケアやサポートだけでなく、スポーツ指導のあり方そのものについても積極的に考えていかなければならない。

すでに指摘したように、スポーツ指導の言葉がけについては、マンツーマンの場面を想定したものが多く見受けられる。そのほうが分析しやすいからだ。しかし、難しいのは集団スポーツのゲーム分析や指導法だろう。ただ、実際に集団スポーツの優秀な指導者は存在している。にもかかわらず、その指導者が直面している状況は、第三者からみればまさにブラックボックスである。本人にとってもまたそうなのかもしれない。しかし、そこをブラックボックスという、分析不可能なものとして扱い続けるかぎり、優秀な指導者の卓越したスキルは「天才だけがなせる技」として突き放され、永遠に共有可能なものにならない。優秀な指導者の指導を見学・観察し、重要な場面だと思われた瞬間についてインタビューをし、指導者の語りを受けて、可能な限りアクチュアリティーを損なわないようなものとして言語化し、多くの指導者に共有可能なものにする努力をなすならば、それは非常に有効な研究になるだろう。

注

(1)「規格」の内容とは、具体的には、例えば学級目標が考えられるだろうか。そこには、「気持ちがいいあいさつをしよう」「たくさん手を挙げよう」などと書かれ、誰もが目にできる黒板の上などに掲げてあるだろう。極端な例になってしまうが、例えば、この目標に教師が縛られ、実は体調が悪くて元気が出ない生徒に、「あいさつしっかりね!」「〇〇くん、今日は手が挙がらないね」などと声をかけてしまうことはどこにでもあるだろう。「生徒の実態に応じて」ということもまた、学校現場ではよくいわれていることだが、もしかすると「規格」への固執によって生徒の実態へのまなざしがかすんでしまっているのではないかという反省的な態度をもつことが重要だろう。独力でそれができない場合には、やはり周囲からのフィードバックが必要になるし、それに耳を傾けるべきだということはいうまでもない。

(2)前掲「暴力と人間存在の深層」六二ページ

(3)これに関連して、スポーツ指導が根ざすべきは「教育の論理」か、あるいは「スポーツの論理」かという議論に言及しておこう。

中村敏雄は、『日本的スポーツ環境批判』のなかで、体罰、しごき、いじめなどを「部活問題」と総称し、この「部活問題」は一世紀も昔の明治時代から指摘されつづけているもので、それが今日なお現実主義的、「もぐらたたき」的に処理されていることを問題視し、「スポーツの論理」から「教育の論理」への転換が、「部活問題」の解決につながるとしている。中村によれば、「スポーツの論理」とは、「「より速く、より高く、より強く」というオリンピック標語が示しているように、本質的に「行き過ぎ」るものであり、つねに現在の自分より速く、また相手より高い水準をめざしておこなわれる」ような身体運動文化としてのスポーツの文化的特徴について説明するものである。中村は、運動部活動の場では、基本的に「行き過ぎ」ることがあってはならないという立場であり、その「行き過ぎ」を食い止めることができるのが「教育の論理」だという。「教育の論理」について詳しく説明をしているわけではないが、彼がいおうとしているのは、おそらく、運動部活動はあくまで生徒が主体的におこなうものであり、運動部活動以外の学校での活動や私事に支障をきたすほどの厳しい練習や長時間の拘束を伴うような上からおこなわれる運動部活動は、生徒の発達を考えるうえで健全ではないので、生徒たちの要求から出発して運動部活動を運営するべきだというものである。

　しかしながら、スポーツをおこなう際に、「スポーツの論理」ではなく「教育の論理」によるというのは実際にはどういうことなのだろうか。スポーツをおこなう以上、私たちは「スポーツの論理」から離れることはできないだろう。そして、教育という営みも、「行き過ぎる」可能性を多分に含んでいるのではないか。

　一方、玉木正之は、体罰問題を解決するために、体育の時代に決別してスポーツの時代へ向かうべきだと主張する。つまり、「体育（教育）の論理」を離れて「スポーツの論理」へ向かうべきだということであり、これは中村とは異なる形の立論である。玉木は、体育・スポーツ界の代表的な問題である体罰を例にして、わが国でスポーツが体育という枠組みのなかで発展してきた歴史のなかに、体育・スポーツ界の暴力問題の根本をみている。つまり、体育とは、教師が生徒に何らかの教育内容を何らかの教材で教える営みであり、それは一種の上下関係を前提にしている。その体育がスポーツを取り込んだことによって、体育的な上下関係が欧米にみられるような対等に近いスポーツ指導の関係を侵食したのだという。そしてその関係のために、勝利至上主義などの影響を受けて暴力性が膨張し、体罰の行使に至るというのである。玉木は、この状況を乗り越えるためにスポーツの本質を理解することが重要だとする。彼がいうスポーツの本質とは、「話し合いで為政者を選ぶ民主主義の発達した古代ギリシャや近代イギリスで真っ先に誕生し」、「本来、一切の暴力を否定し、「殺すな」「傷つけるな」というメッセージを含んで、人類が生んだ偉大な文化」という特性である。ここでいっている「暴力の否定」とは、「「闘い」や「争い」といった「暴力行為」を「ルール＝非暴力化」し、「ゲーム化」すること」であり、ここにはノルベルト・エリアスの『文明化の過程』の影響をみることができるだろう。たしかに、スポーツが学校に取り込まれて体育のなかで発展してきたという歴史によって、その本質が歪められてしまったという議論は、ある程度の妥当性を有している。しかし、暴力性をルールによって形式化してきたというスポーツの歴史的・社会的背景をエリアスが語るとき、その暴力性の主体は、指導者ではなく、競技者のことなのである。玉木の論には、指導者の暴力性と競技者の暴力性の混同が見受けられる。詳しくは以下を参照。中村敏雄『日本的スポーツ環境批判』大修館書店、一九九五年、玉木正之『スポーツ 体罰 東京オリンピック』NHK出版、二〇一三年、ノルベルト・エリアス『文明化の過程 上——ヨーロッパ上流階層の風俗の変遷』赤井慧爾／中村元保／吉田正勝訳（叢書・ウニベルシタス）、法政大学出版局、一九七七年、同『文明化の過程 下——社会の変遷／文明化の理論のための見取図』波田節夫／溝辺敬一／羽田洋／藤平浩之訳（叢書・ウニベルシタス）、法政大学出版局、一九七八年

（4）ここには、スポーツという輸入文化が学校のなかで発展してきた日本の特殊なスポーツ＝体育史をその背景として指摘することができるだろう。詳しくは以下を参照。前掲『身体教育の思想』六一——七三ページ

（5）中条一雄『たかがスポーツ』朝日新聞社、一九八一年

（6）坂本拓弥「体育・スポーツ指導者」、高橋徹編著『はじめて学ぶ体育・スポーツ哲学』所収、みら

い、二〇一八年、七一ページ

（7）樋口聡「遊び」、樋口聡／山内規嗣『教育の思想と原理――良き教師を目指すために学ぶ重要なことがら』所収、協同出版、二〇一二年、一九三ページ

（8）小林秀雄「ヒットラーと悪魔」『考へるヒント』文藝春秋新社、一九六四年、一〇二ページ

（9）体罰が過激なものになったり、繰り返されたりする事態は、指導者と選手の関係性が問題なのだから、単に指導者だけの問題として片づけるのではなく、しかるべき場面では、生徒や選手がきちんと抗議できるようになることも、一方では必要ではないだろうか。もちろん、例えばスポーツ少年団に属するような比較的低年齢の子どもには難しいだろうが、高校生や大学生であれば、それは不可能ではない。暴力を振るう教師や指導者に「選手は絶対に抵抗してこない」という甘えがあることは間違いない。しかし、選手や生徒が抗議するためには、必ず周囲の協力と援助が必要である。一人で果敢に抗議するというのは、大人でも簡単にできることではない。重要な存在になるのは、やはり保護者である。しかし現実には、暴力を指導者や教師に促すような保護者が存在する。これは、本書で言及できなかったが、今後、必ず問題にしなければならない深刻な現実である。その場で声を上げるというのは、非常に難しいことだろう。しかし、その場では抗議できずに終わり、例えば反対運動のようなことを立ち上げるとしても、はたして加害者たちにその運動がどれほどまで響くのだろうか。そうした運動を筆者は決して否定しないが、その実効性については冷静に考えたいと思っている。

（10）十川幸司「誤謬としての生」「現代思想」二〇一三年二月号、青土社、一一七ページ

（11）同論文二九ページ

（12）同論文二九ページ

（13）同論文二九ページ

(14) このことに関連して指摘しておくべきなのは、教員養成課程の問題性である。教員養成課程は、自分が教師にふさわしいかどうかを確かめる場所である。しかしこのようにいうことで、筆者は、「教育学部にきたのだから、教師にふさわしくなるように頑張らなければ」と、学生に異様なほど意気込ませることを強調しているわけではない。むしろ、「あ、教師じゃなかったわ」と積極的に気づかせることの重要性にここではふれておきたい。

どうしてこのように角が立ちそうなことを、わざわざいわなければならないか。筆者はいままで学生や教員として教員養成課程にいて、学生たちが、深刻な顔をして、自分の不適格さに悩んでいるのを何度も見てきた。「すべては向き不向きだ」といってしまっては身も蓋もないが、実際のところ、多くの人々はそのようにして職業を選択しているのではないだろうか。「教師として」「人間として」という圧倒的な理念を看板にして学生を追い込むことが、教員養成課程の役割ではない。大学教員は、「学生を追い込んでなんかいない、一生懸命教えているだけだ」と言うだろう。無論、である。しかし本書は、一生懸命さがただそれ自体として善だということでは必ずしもないということを示したのではなかったか。「いい教師を目指す」という目標が、それが理念でもあるがゆえに否定されるべきではないにしても、自己省察ができないほどに理念に飲み込まれてしまってはならない。

(15) 中井久夫「いじめの政治学」『アリアドネからの糸』みすず書房、一九九七年、一四―二〇ページ

(16) この論点は、二〇一三年、学会発表のなかで提示したものである。そのとき、「結論として大きすぎる」というコメントが寄せられたのだが、否定されるべきものとして単純に、かつ、さまつに扱われがちな体罰問題が、実は時代状況を考えるところにまで行き着くということは、やはり重要な論点だと思われる。発表は、「近代教育と体罰に関する考察――森有礼の兵式体操論への着目」と題し、日本体育学会第六十四回大会（立命館大学）でおこなった。

(17) この表現には、ポストモダン思想やそれがもたらした状況への皮肉を込めている。ポストモダニズムは、近代的な本質主義を徹底的に退けてきた。しかしそうした態度が、現代の混沌とした状況に何らかの形で寄与してしまったのではないかというのが、ここの意図である。次の永井の指摘は、こうした筆者の立場と共通している。「二〇世紀思想は、ニーチェを含めて一九世紀が突きつけた根本的な問いに結局答えることができなかった。そして、それは棚上げにしようという結論に達しつつあるのだ、と僕は思います。ポストモダニズムというのは二〇世紀が理解した一九世紀のパロディだったのではないか、二〇世紀がおこなった一九世紀思想の戯画化だったのではないかと思います。そういう戯画化をしておいて、二〇世紀はそんなものを相手にしていても仕方がないのだ、という結論を出そうとしている。この罠にはまってはいけないと思います」(永井均『ルサンチマンの哲学』〔シリーズ・道徳の系譜〕、河出書房新社、一九九七年、五〇ページ)

(18) しかし、どのような状況でも暴力性は消去されない。「魅力ある教師」や「教師は授業で勝負」などとして頑張ることは、生徒たちを一生懸命に学校的時空間に囲い込んでいくことでもあるのだから、ここには、学校的時空間への鬱屈した気分がいじめにつながることの可能性をみておかなければならないだろう。

(19) 阿部晋吾「自己愛と攻撃・対人葛藤」、小塩真司/川崎直樹編著『自己愛の心理学――概念・測定・パーソナリティ・対人関係』所収、金子書房、二〇一一年、一六七―一八三ページ

(20) 中山留美子「自己愛の誇大性と過敏性」、同書所収、五六ページ

(21) 暴力性が高まっている人々へのケアの困難性は、すでに精神医学・精神分析(学)が教えている。例えば、以下を参照。松本卓也「暴力の精神分析」、前掲「こころの科学」第百七十二号、一五―二〇ページ、精神療法編集委員会編「特集 暴力を振るう人々(加害者)に対する精神療法――さまざ

まな領域における取り組み」「精神療法」第四十一巻第一号、金剛出版、二〇一五年

(22) この項の内容については、以下に詳しい。拙論「スポーツ指導の問題性」、前掲『はじめて学ぶ体育・スポーツ哲学』所収、八七─九〇ページ

(23) なお、金子の運動学については、王水泉が詳細な議論をおこなっている。王水泉「教育における身体知の研究──金子明友の身体知の構造分析論と運動学習・運動教育の問題」「広島大学大学院教育学研究科紀要 第一部 学習開発関連領域」第五十九号、広島大学大学院教育学研究科、二〇一〇年、五九─六七ページ。この論文は王の博士論文に組み込まれているもので、樋口の指導のもとで書かれた。これは以下に所収して発行されてもいる。樋口聡/王水泉「身体知の構造分析論と運動学習・運動教育の問題」、樋口聡編著『教育における身体知研究序説』所収、創文企画、二〇一七年、二七─五〇ページ

(24) 金子明友『スポーツ運動学──身体知の分析論』明和出版、二〇〇九年、三五八ページ

(25) 同書三五八ページ

(26) 同書五一ページ

(27) 同書四二─四三ページ

(28) 同書三一〇ページ

(29) 柄谷行人『探究Ⅰ』(講談社学術文庫)、講談社、一九九二年、一五二ページ

(30) 同書一五二ページ

(31) 同書一五二ページ

(32) 例えばサッカーでは、フォワードの選手たちがオフェンス参加しているとき、ディフェンスの選手たちはその戦況をながめ、指示を出すことができる時間帯があるだろう。陸上では、おもに注目すべ

きは選手の動きであり、球技のようにボールを見る必要はない。またその結果も、記録・タイムとして簡単に可視化され、場合によっては、選手が指導者の記録を上回ることもある。

(33) 岸野雄三「運動学の対象と研究領域」、岸野雄三／松田岩男／宇土正彦編『序説運動学』(「現代保健体育学大系」第九巻) 所収、大修館書店、一九六八年、二四ページ

(34) 同書二四ページ

(35) しかし、スポーツ指導は根源的に暴力性をはらんでいる。方法論に拘泥することはその暴力性を見逃すことにつながり、かえって体罰問題解決の阻害要因になる可能性があることに、ここでは気づいておくべきだろう。では、方法論を無視するのか。無論、否、である。私たちはそれでも方法論的な問題を論じなければ現実的な問題に対処していくことは難しい。おそらく、ここで重要なことは以下の二点である。まず、方法論を語りながらも、その方法論を唯一の手段として信奉するなどということがあってはならない、ということが一つ。いま一つは、その方法論に基づく指導のなかで、どのような指導者―選手関係が展開されうるのかを、想像力をはたらかせてイメージすることの重要性である。現象学的・運動学的指導についていえば、指導者には選手の運動感覚へのコミットメントが必要とされる。そのためには、選手の動きに全身で耳を澄ませていなければならない。そうした指導者の姿勢のなかに体罰が関与する余地は、ほとんどないのではないだろうか。現象学的運動学を実践するためには、選手の動きをつぶさに「観察」することが必須の条件として求められる。選手の動きの全体を「観察」するためには、必ず一定の距離が必要である。現象学的運動学という思想のもとでは、体罰をおこなうために選手との物理的な距離を狭めることなどありえない。現象学的運動学が指導者に求める姿勢は、このような意味で体罰的な姿勢とは一線を画するものだろう。このようにして、指導の方法論の派生的な効果について考えることは、非常に重要ではないだろうか。つまり、方法に関

する指導理論を人間関係論として想像的に解釈するのである。

(36) モーリス・メルロ゠ポンティ「他者と人間的世界」木田元訳、『知覚の現象学2』竹内芳郎／木田元／宮本忠雄訳、みすず書房、一九七四年、二三一ページ

(37) モーリス・メルロ゠ポンティ「マキアヴェリ覚え書」滝浦静雄訳、『シーニュ2』竹内芳郎監訳、みすず書房、一九七〇年、一〇一ページ

(38) モーリス・メルロ゠ポンティ、木田元編『ヒューマニズムとテロル』合田正人訳（「メルロ゠ポンティ・コレクション」第六巻）、みすず書房、二〇〇二年、一五九ページ

(39) ミシェル・アール「後期メルロ゠ポンティにおけるハイデガーとの近さと隔たり」本郷均訳、モーリス・メルロ゠ポンティ『フッサール『幾何学の起源』講義――付・メルロ゠ポンティ現象学の現在』加賀野井秀一／伊藤泰雄／本郷均訳（叢書・ウニベルシタス）所収、法政大学出版局、二〇〇五年、二一四ページ

(40) 松葉祥一、加賀野井秀一、河野哲也の鼎談のなかで、松葉はデリダに言及しながら、「肉」の概念は他者を取り込んでしまうのではないかと批判する。河野もまた、メルロ゠ポンティを相対化した立場から、他者の非対称性を問題にしていないのではないかと批判をしている。しかし加賀野井は、メルロ゠ポンティを「とことん愛し」ていて、種々の批判から「救い出さなければならない」という発言をしている。こうした加賀野井の態度は、メルロ゠ポンティとのまさに癒合関係をにおわせるものであり、その意味で正当なメルロ゠ポンティアンかもしれないが、暴力の現実を考えたとき、その態度は満足できるものではない。松葉祥一／加賀野井秀一／河野哲也「身体論の深化と拡張 メルロ゠ポンティのアクチュアリテ」「現代思想」二〇〇八年十二月臨時増刊号、青土社、七〇―九〇ページ

(41) 例えば、以下のような研究を挙げることができる。田端健人「授業における「相互理解」の現象学

的考察」、「教育方法学会」編集委員会編「教育方法学研究」第二十六巻、日本教育方法学会、二〇〇一年、五五―六三ページ、田中愛「体育における「他者への配慮」の育成――「かかわり」の明確化にむけて」、体育・スポーツ哲学研究編集委員会編「体育・スポーツ哲学研究」第二十七巻第一号、日本体育・スポーツ哲学会、二〇〇五年、三五―四四ページ、前掲「教科体育における「超越論的他者」の措定」三二七―三四〇ページ、石垣健二「メルロ＝ポンティ・Mの「間身体性（あるいは「肉」）」についての検討――体育における「自己と他者」のかかわりの基盤として」、体育哲学研究／日本体育学会体育哲学専門分科会編集委員会編「体育哲学研究」第四十四号、日本体育学会体育哲学専門分科会編集委員会、二〇一三年、二九―三四ページ、前掲「「体育教師らしさ」を担う身体文化の形成過程」五〇五―五二一ページ

初出一覧

各章の初出は以下のとおりである。本書をまとめるにあたって、それぞれ加筆・修正した。

序章　暴力の記憶
「学校教育の暴力性に関する社会哲学的研究――スポーツ集団への着目から」広島大学博士論文、二〇一七年、「あとがき」

第1章　暴力に力強く向き合うために重要な事柄
前掲「学校教育の暴力性に関する社会哲学的研究」、序章

第2章　スポーツの本質に関わる暴力性
「運動部活動における体罰の意味論」「体育学研究」第六十一巻第二号、日本体育学会、二〇一六年

第3章　指導者―選手関係の暴力性
「スポーツ集団における体罰温存の心的メカニズム――S・フロイトの集団心理学への着目から」、体育・スポーツ哲学研究編集委員会編「体育・スポーツ哲学研究」第三十七巻第二号、日本体育・スポーツ哲学会、二〇一五年

第4章　選手間関係の暴力性
「スポーツ集団における選手間関係の暴力性――ルネ・ジラールの暴力論を手がかりに」、体育・スポーツ哲学研究編集委員会編「体育・スポーツ哲学研究」第三十八巻第一号、日本体育・スポーツ哲学会、二〇一六年

第5章　科学と暴力からみるスポーツ指導
書き下ろし
第6章　学校教育の本質に関わる暴力性
前掲「学校教育の暴力性に関する社会哲学的研究」、第3部第1章
第7章　教師―生徒関係の暴力性
「教師は暴力的存在である――体罰の淵源を見据えて」「広島大学大学院教育学研究科紀要 第一部 学習開発関連領域」第六十五号、広島大学大学院教育学研究科、二〇一六年
第8章　生徒間関係の暴力性
前掲「学校教育の暴力性に関する社会哲学的研究」、第3部第3章
終章　これからも考えていくために
大部分が書き下ろし。部分的に前掲「学校教育の暴力性に関する社会哲学的研究」の結論を加筆・修正した

あとがき

本書は、筆者の博士論文「学校教育の暴力性に関する社会哲学的研究――スポーツ集団への着目から」（広島大学、二〇一七年）に修正と加筆を施したものですが、この博士論文は博士課程在籍中の三年間という短い期間で書いたものです。しかし、「はじめに」にもあるように、筆者は卒業研究からずっと体罰問題について考えてきているので、その頃から通算すれば、博士論文の完成には九年間の歳月を要したことになります。ただ、暴力への問題意識は、中学生時代に野球のクラブチームのコーチに殴られた経験がきっかけになっているので、これはもう、筆者にとっては、ほとんど人生をかけたテーマということになります。

博士論文は暴力の現実を説明することを何よりも優先したため、例えばフーコーやフロイトの思想を学問的に探求していくという点では、十分ではないところがあると思います。その点をもっと追求できていれば、本書の議論はさらに精緻なものになっていたかもしれません。しかし、筆者の力では「ひとまずここまで」です。読者のみなさまからのご批判やコメントをいただくことで、今後のさらなる発展へのヒントを得たいと思っています。

本書の成立には、実に多くの方々の支えがありました。しかし紙幅の都合もありますので、断腸の思いではありますが、以下のお三方へのお礼を記すにとどめておきます。

卒業研究に取り組む以前の筆者は、スポーツの実技にしか興味がないような学生でした。その当時の様子をご存じの方からすれば、「え？　本を⁉」ということになるでしょう。ほかならぬ筆者自身がそう思っています。

そんな筆者に学問研究への興味を抱かせてくれたのが、岡山大学の学生時代の指導教員だった関根正美先生（現・日本体育大学教授）でした。関根先生への衝撃は、『海辺のカフカ』は非常に体育的な小説です」という、学部三年生のときに受講した講義「体育原理」での先生の名言を聞いたときに起こりました。「この人は何を言ってるんだ？」と関根先生に興味を抱いた筆者は、ゼミに入り、指導を受けることにしました。「松田君の研究については松田君が専門家なんだから、君が僕に教えてくれないと駄目だよ」というのが、関根先生の積極的放任主義の基本テーゼでした。そういう指導がきついと感じた人もいたのかもしれませんが、非常にわがままな人間である筆者にとっては、自分勝手にやることができたので、本当にありがたいご指導でした。

その後、関根先生の積極的放任主義は発展を遂げ、修士課程一年生の秋に転勤することを告げられました。ただ同時に、博士課程への進学についても進言していただきました。それがなければ筆者は博士課程に進学していなかっただろうと思います。何せ、全く勉強しない学生だったので博士課程進学という選択肢など眼中にありませんでした。しかし、だからといってほかにやりたいこともなかった。「勉強することの楽しさを教えてくれた人がそう言ってくれているのだからやってみよう」。体力と根性と行動力だけはあったので、博士課程への進学を思い切って決断しました。

博士課程は広島大学を選びました。関根先生が、同学の樋口聡先生からの指導を受けるようにと、そこは全く放任することなくおっしゃったからです。ただ、それまでの筆者にとって、樋口先生の研究内容と筆者のそれがどんなふうにつながるのかよくわかりませんでした。しかし、いざ樋口先生の指導を受けてみると、そんな心配など吹き飛んだ。守備範囲の広さと問題を捉える的確さ、それをつかんで離さない力強さ、そして、そこから一気に議論を展開していく樋口先生の感性と力には驚異的なものがありました。「ハンパじゃない！」と思いました。

しかし、樋口先生は、筆者が大学院入学試験を受けて入学準備をしているその裏で、実は脳内血管の出血によって非常に深刻な状態にあり、入院生活を余儀なくされていました。先生の闘病生活はいまも続いていますが（チャーグストラウス症候群とも闘っておられます）、筆者を受け入れて最後までご指導してくださったことには感謝してもしきれません。いまも筆者のことを見捨てることなく、見守り続けてくれています。研究の話題になるとスイッチが入り、聞いているこちら側が心配になるほど熱く語り続ける。文字どおり命をかけて学問と向き合うその姿には、狂気さえ感じています。同時に、ある意味では筆者以上に筆者の研究を理解して導いてくださる姿勢には、深い愛を感じました。「もっと勉強しろ！」と樋口先生に殴られても、もしかすると筆者は問題にすることなく、甘受していたかもしれません（もちろん学生を殴るような人ではありません）。

ほかにも多くの方々からご指導を受け、支えていただいたことで続けてこられたこの研究ですが、今回のこの出版に向けて声をかけてくださったのが青弓社の矢野恵二さんでした。

矢野さんから出版の打診をいただいたとき、筆者は個人的にかなりつらい状況にありました。どうやって生きていくべきか、その方向性をほとんど見失いかけていました。もし矢野さんからの出版依頼がなければ、何らかの理由をつけて研究の継続をやめていたかもしれません。初めてお会いした際、「自分のなかにも暴力性を自覚することがある」という矢野さんの言葉を聞き、「信頼できる人だ」と感じました。

周知の事実に属しますが、研究書の出版をめぐる昨今の状況は非常に厳しいものがあります。特に筆者のような若手にとって、そのハードルは非常に高いものがありますが、そういうことは（あくまで心理的には）あまり問題にならないほどに、矢野さんとのこの仕事は筆者にとって重要なものでした。研究者としての命を拾っていただいたと感謝するばかりです（文章を辛抱強く校正してくださった編集部の出口京香さんにも感謝しています）。

こういう内容の研究をしていると、大体、二つのパターンの誤解が筆者に向けられます。「お前は暴力を批判できるほど善人なのか！」「暴力を理解するとはどういうことだ！」など、表現に違いがあるとしても、やはり大体このどちらかの感想をもたれてしまいます。そのような問題の捉え方に異議を唱えるためにも本書があったことは、読者のみなさまには十分にご理解いただけたのではないかと思っています。

ただ、やはり、最後にいくつかの自己言及をしておくべきだろうと思います。暴力を語ることの自己言及性については、本書の冒頭でもふれましたが、最も重要なことのひとつかもしれません。

実は、こういう本が書けてしまうということは、筆者が暴力的な人間の気持ちをある程度は理解できてしまうということを暴露しています。実際、他人に怒鳴ったこともあるし、恋人につらく当たったこともあります。友人を思わぬ形で傷つけたことも、親との衝突から家で暴れて警察の厄介になったこともあります。筆者自身、どうしようもなく「暴力の徒」なのです。だから、コンテクストは異なっているとしても、暴力を振るう教師やスポーツ指導者の苦しみと愚かさを、自分のことのように感じることができるのです。

「じゃあ、やはりおまえには暴力を語る資格がない」。場面によっては、そういう声を甘んじて受ける必要もあるだろうと思います。

しかし、筆者の研究への理解者が、少しずつではありますが、でも、たしかに増えて、水面下ではすでに具体的な動きが始まっている以上、やはり、しかるべき場面ではしかるべき発言をするべきだろうということを、これは責任ではなく、暴力の徒としての宿命として感じています。

過去の偉大な思想家たちの思索や、その他の様々な出来事が総合された歴史的必然として、暴力を制御するための法というシステムを、私たちはいま手にしています。しかし、それでも暴力は起きる。その人間の姿は「善悪の彼岸」として、法システムの限界性を端的に示すものでもあるだろうと思います。

暴力問題が起きるたびに、厳罰化を叫ぶ声が必ず出てきます。そうした声が全く不要なものだとは思いません。しかし、筆者は裁判官ではありません。善悪の彼岸で起きていることにまで、法システムやその基盤にある善悪の価値観を拡大させることには、私たちの生を、いずれシステムが完全に包囲し、権利や尊厳を守るためだったはずのシステムによって、逆に自由を奪われてしまうという可能性を考えてみることができます。実際、現場の教師や指導者は、厳罰化という風潮のなかでそれに似た生きづらさを抱えているのだろうと想像しています。

だからといって、暴力を肯定するということでも、もちろんありません。改善すべき点は、改善していかなければならない。しかし、そのための振る舞いが難しい。

時代は、暴力への嫌悪をますます高めています。暴力事件ではありませんが、「歩行者が道路の左側を歩いている」という通報が警察に入ることがあるそうです。そのような状況には、他者をただちに危険な存在と見なしてしまう過敏さを感じることができます。そこからは、暴力への過敏な態度が出てくることも容易に想像できます。そのような、暴力への過剰な、かつ、ある意味では非常に短絡的な態度が集団的に高進していき、その結果として法規制や監視カメラの設置が激しくなり、社会生活ががんじがらめになっていけば、私たちは体罰やいじめとはまた異なる種類の暴力の脅威にさらされるでしょう。そのとき、私たちに暴力を考え抜いた経験がなければ、その状況に狼狽するか、恐怖に負けるか、無力感に包まれるだけでしょう。きわめて恐ろしい非人間的な廃墟が、そこには待ち構えています。

システムの厳重化や厳罰化に一定の距離をとるならば、考えるべきは、私たちは暴力の徒である人間存在として、どのような社会生活を営んでいけばいいのかという問題になります。そうした自覚的な意志を手放した瞬間、人間は高踏的な僧侶に成り下がり、暴力を自分自身の問題から切り離してしまうでしょう。それは、自分自身について考えることを放棄した人間の姿です。

この意味で、暴力を考える言説領域・空間を、私たちは絶対になくしてはいけません。暴力を考え続けることができる知性は、人間への最後の寛容さなのだろうと思います。それは、善悪の彼岸から聞こえてくる人間の声を自分自身の声として受け止めていく血みどろの営みです。

その営みがどんなものなのか、それは実際にやってみなければわかりませんが、少なくとも非常に過酷なものであることだけは、想像にかたくありません。だからこそ、私たちは問題意識を共有する必要があります。一人では無理だし、そうするべきでもない。本書が、そのときに、みなさまの考える「足場」のようになってくれれば幸甚です。

最後に、指導者の暴力から僕を守ってくれた両親、大切な（でも迷惑をかけ続けている）弟、やんちゃな愛猫ボブに感謝の気持ちを記して筆をおきます。みんなありがとう。これからも、よろしく。

［著者略歴］
松田太希（まつだ・たいき）
1988年、岡山県生まれ
広島大学大学院教育学研究科学習開発学専攻博士課程修了。博士（教育学）
広島大学特別研究員
専攻は暴力論、スポーツ哲学、教育学
共著に『はじめて学ぶ体育・スポーツ哲学』（みらい）、論文に「運動部活動における体罰の意味論」（「体育学研究」第61巻第2号）、「教師は暴力的存在である――体罰の淵源を見据えて」（「広島大学大学院教育学研究科紀要　第1部 学習開発関連領域」第65号）、「スポーツ集団における体罰温存の心的メカニズム――S・フロイトの集団心理学への着目から」（「体育・スポーツ哲学研究」第37巻第2号）など

体罰《たいばつ》・暴力《ぼうりょく》・いじめ　スポーツと学校の社会哲学

発行――――2019年12月20日　第1刷
定価――――2400円＋税
著者――――松田太希
発行者―――矢野恵二
発行所―――株式会社青弓社
〒162-0801 東京都新宿区山吹町337
電話 03-3268-0381（代）
http://www.seikyusha.co.jp
印刷所―――三松堂
製本所―――三松堂

ISBN978-4-7872-3463-6　C0036